Madame Grès

Anne Graire

Madame Grès

Le sphinx de la Haute Couture

Flammarion

Sauf mention contraire, les photographies proviennent de la collection personnelle d'Anne Graire.

p. 44 : © O. Gréméla ; p. 68 et p. 94 : Roger Schall © Schall collection ; p. 156 : © Rémy Duval / M.A.P. ; p. 214 : © Ullstein Bild / Roger-Viollet ; p. 270 : © R. Meurand.

ISBN : 978-2-0804-7458-2

Préface

Madame Grès, portrait caché

Comme un fil de bâti au bas d'une robe qui oppresse le tissu, surgit et disparaît jusqu'à réunir les épaisseurs entre elles par points lâches ou serrés, la vie des couturiers ponctue l'œuvre engagée ou s'efface avec grâce. Dessus dessous, discrète ou sonore, elle semble s'immiscer dans les collections rêvées au revers d'un col, au détour d'un bouton ou s'émanciper tout autant pour s'effacer derrière les tweeds ou les mousselines choisies. L'histoire de la mode se nourrit d'éléments du quotidien, préemptés et édifiés sur le socle des saisons et des cintres. Les camélias qu'appréciait tant Mademoiselle Chanel sont tombés des bouquets en vase pour divertir les décolletés. En pétales d'organza blanc, la fleur préférée glissait d'une collection à l'autre, mesure plus certaine que les fluctuations possibles d'une ampleur de jupe. Monsieur Dior céda au brin de muguet qu'il diffusait aussi bien dans certains de ses parfums qu'en imprimés sur les robes investies d'intentions particulières. Chez d'autres, une couleur d'affection dictait un chemin de création, plus tard une autoroute commerciale. Le bleu tendre de l'enfance était de Lanvin. Au fur et à mesure que les couturiers quittaient le statut de fournisseurs pour accéder au rang de créateur, certains d'entre eux se mirent à revêtir les allures qu'ils réservaient à d'autres. En rose shocking, à la ville comme à la scène, Elsa Schiaparelli était sa première muse et succombait au propre scandale de ses inventions. Aussi connu qu'une rock star, Yves Saint Laurent sacrifiait les frontières de l'intime et de la notoriété publique en paraissant nu pour la photographie et la promotion de son parfum YSL. L'ultra sollicitation médiatique des uns, ajoutée au rythme de plus en plus accéléré des collections à présenter, précipita l'usage des idées à tout rompre. Ici, un voyage réalisé détermine la longueur d'un manteau, là, une rencontre donne son nom à la forme d'une robe, ailleurs un opéra vu il y a peu oriente la dimension d'une manche. La théâtralité de la mode, ainsi faite et reconnue, abuse de l'ordinaire dramaturgie, ne serait-ce que pour légitimer la destinée d'un foulard à vendre.

Chez Madame Grès, peu voire rien de tout cela ne se vérifie. Alors rédactrice de mode, Edmonde Charles-Roux revient désemparée d'une interview avec la dame au turban. Aux questions qui pourraient divertir le lecteur, elle semble sourde et hoche la tête tout au plus. Toutes les personnalités qu'elle a pu rencontrer, y compris les auteurs Jean Anouilh et Jean Giraudoux, ont peu à dire, excepté qu'elle travaillait avec sérieux et méthode à la réalisation de costumes. À propos des comédiennes qu'elle habillait, Madame Grès reste peu loquace, estimant n'avoir accompli que sa mission de couturière des apparences. Forçat de l'atelier qu'elle tenait sous le silence le plus exigeant, Madame Grès se confondait en excuses, déplorant avoir si peu à raconter d'une vie sage alors qu'elle a tout à montrer par un travail si plein de persévérance. Longue de plusieurs décennies, des années 1930 aux années 1980, sa création est un déni aux bavardages de mode et des époques. Comme seuls les plus grands peuvent se l'autoriser, pendant près de cinq décennies Grès ose se répéter. Mais ce qui a valeur de paresse chez d'autres est chez elle appel à la perfection. La couturière ne cesse jamais de renouveler les courbes et les dessins de ses drapés qui ont fait sa distinction. Sculptrice qui aurait découvert dans le jersey les facultés de l'argile ou du marbre, Madame Grès n'offre rien moins à ses robes que la possibilité du grand art. Les artifices et les accidents du quotidien, s'ils ne sont pas nés de l'atelier, ne l'intéressent pas. Les plis associés dans lesquels Grès plonge ses créations aux couleurs sourdes ne tolèrent pas l'anecdote. Intemporelles, les robes du soir ou de jour ne sont la conséquence d'aucun voyage ni d'aucun divertissement. Elle tient à distance les motifs carte postale qui dans les collections de tant d'autres sont de simples paraphes, à défaut d'être l'expression de leur signature. L'émotion, elle ne la revendique que brute, du tissu lui-même et non éprouvée ou frelatée par l'esprit voyageur et créatif, guide trompeur s'il en est.

C'est avéré, pour rencontrer Madame Grès, mieux vaut sonner à la porte de sa Maison de Couture, 1, rue de la Paix. Au théâtre, à la ville, à un dîner, au spectacle il y a peu d'espoir. Quand bien même la verrait-on surgir sous son turban hautain, qu'aurait-on à voir ? Une femme que rien ne semblait vraiment distraire hormis la réalisation de son œuvre. De rares portraits photographiques attestent non pas d'un modèle intimidé et gêné par l'exercice, mais au contraire d'une Grès aussi assurée et à l'aise qu'autoritaire et bien décidée à ne pas se laisser séduire par ce phare-là. Comme Cristobal Balenciaga, elle n'est pas entrée dans l'arène médiatique de son siècle, allant jusqu'à prendre soin de racheter tous les exemplaires d'un livre qui lui était consacré pour mieux le mettre au pilon.

Rétive à toutes les formes d'égarements périphériques propres à sa discipline et à son métier, inapte à laisser parler pour elle l'empressement mondain des époques qu'elle a traversées, Madame Grès est restée la couturière la plus officielle qui soit. Mais elle a pu aussi décourager les curieux qui savent agiter le souvenir avec fréquences régulières.

À ces fils de bâtis, ceux qui alternent leur présence au-dessus et en dessous des tissus dont ils encouragent l'union, Madame Grès dictait une singulière mission. Aux mannequins qui faisaient chez elle la pause revenaient le droit et le devoir de récupérer ceux déjà utilisés sur les toiles à patrons et de les enrouler à nouveau autour de bobines de bois à des fins sans cesse renouvelées. Cent fois décousus, cent fois enroulés au service de chefs-d'œuvre de robes contemporaines au XXe siècle, il est temps à présent que ces fils modestes et dérisoires auxquels Grès réservait plusieurs vies révèlent d'autres histoires. Bout à bout, mot à mot, il revient à Anne Graire, sa petite-fille, d'assembler souvenirs de famille, traits et sentiments, et d'accorder à Madame Grès, la plus couturière de toutes, le droit d'un portrait sensible et généreux.

Olivier Saillard

« L'élégance, c'est la permanence
de l'état de grâce. »
Madame Grès, mars 1980

Introduction

Le parfum des souvenirs

Le rôle qu'a tenu ma grand-mère, Madame Grès, dans le jeu de mon existence fut le premier, dans tous les sens du terme. Car elle avait la stature d'un premier rôle de cinéma et parce qu'elle prit ma petite main dans la sienne pour ne plus la lâcher. Pour le reste du monde, elle incarnait le personnage d'une souveraine de l'élégance, ce dont je n'avais alors pas conscience. Ce délicat profil au turban pouvait se faire redoutable – les plus grands photographes de l'époque tournaient autour.

La position de petit-enfant garantit rarement d'avoir un grand-parent célèbre, il arrive parfois que sa présence accompagne l'enfance : il s'avéra que ma chance fut double. La renommée considérable de l'œuvre de Madame Grès fait qu'aujourd'hui encore ma grand-mère est évoquée de par le monde. Inaltérable, sa mémoire me console de sa disparition. Qui la croyait oubliée la voit resurgir régulièrement au gré d'un musée ou d'une vente aux enchères. Son destin de femme indépendante dans son siècle résonne avec la même modernité que ses créations.

Mais au-delà de l'évocation de sa figure historique, le temps était venu pour moi de lui rendre un hommage personnel : pour tout ce que je lui dois, pour l'exemple qu'elle m'a donné, pour ces moments précieux de l'enfance qui permirent d'insuffler une vie entière. Mais aussi pour tracer en filigrane le portrait d'une personnalité hors norme et de son univers, qui réussit l'exploit d'être une figure publique sans anecdotes…

Chapitre premier

Son « petit trésor »

Comment sont parvenues entre mes mains ces photos qui ne m'étaient pas destinées, ou plutôt que personne ne m'a données ? C'est à mon adolescence, il y a des décennies, que je les ai prises à l'insu de ma mère qui s'en désintéressait : leur netteté nous révèle ma grand-mère et moi, étroitement enlacées dans le noir et blanc des années 1960.

La première que j'aie récupérée remplit un grand format et je l'en chéris d'autant ; je ne l'ai connue qu'altérée, poudrée dans mon imagination par la suie du feu que nous regardions hypnotisées au moment de la photo. Le passé et son état indifféraient ma mère, qui pourtant en était l'auteur. Comment expliquer au présent que les sensations capturées ce jour-là aient le pouvoir de refaire surface ? Et pourtant je vois la lueur de la grande cheminée et le velouté ciré des tomettes, je sens la toile écossaise du canapé sous mes chevilles. Gentiment assise sur les genoux de ma grand-mère

Madame Grès assise, sa petite-fille dans les bras,
et sa fille tenant l'appareil photo dans l'appartement
de ses parrain et marraine à Vannes (1970).

sans turban, rien ne peut m'arriver. Elle retient contre elle une toute petite fille aux sourcils froncés et l'air têtu, s'agitant pour glisser jusqu'aux flammes dansantes qui la captivent. De sa voix douce et patiente, elle raconte une petite histoire dont elle a le secret et qui me fera tenir tranquille… C'était un week-end dans sa maison des Mesnuls, sans présence étrangère pour voir Madame Grès les bras nus, en jupe de gros lainage écossais marron et crème, ses cheveux gris en chignon. C'était tant de calme surtout, celui où le grincement discret d'une porte sombre, le glissement de ses pas sur le sol, la ronde intermittente des oiseaux chantaient la musique douce de mes premières années.

D'autres photos réunies dans un carnet plastifié restaient à portée de main et me suivaient dans mon sac, traces que je chérissais à 14 ans déjà comme des reliques. L'œil de ma mère excellait à saisir des images bien composées : cliché d'un jour d'été, ce portrait rapproché où ma grand-mère tient ferme dans ses bras le bébé à mèches brunes, l'œil aux aguets. Visages à même hauteur, nos profils se répondent en symétries de courbes malicieuses ; deux fronts également bombés, mon nez en trompette, l'ovale de sa joue et l'arrondi de la mienne, le globe dessiné de sa paupière. La peau de nos bras fait caresse. Mon œil d'aujourd'hui remarque son fin polo blanc d'apparence quelconque, en réalité du jersey de soie. L'arrière-plan se fait oublier, ébauchant l'ombre d'un feuillage auprès d'une façade blanchie de soleil. Le regard de ma grand-mère me couve de si près qu'elle peut en loucher ; j'avais presque oublié qu'elle appelait son « petit trésor » la petite chose remuante après laquelle elle trottinait avec délice pour en éloigner le feu du soleil, les courants d'air traîtres et les microbes.

Madame Grès avait, paraît-il, acheté sa propriété des Mesnuls (Montfort-l'Amaury) pour que sa petite-fille puisse grandir « au bon air » : elle voyait la capitale encombrée comme le refuge de miasmes dont le périphérique retenait la malignité... C'est en vertu de ce principe que notre appartement parisien jouxtait les frondaisons du bois de Boulogne, son lac et sa verdure assurant des « promenades saines » aux petits enfants : oui, j'étais élevée par une dame qui avait connu l'époque terrible où chacun pouvait encore mourir d'une rage de dents, où une mauvaise toux avait un parfum de tuberculose. Une ère pas si lointaine où la santé succombait à la malchance : elle me faisait le récit terrible d'une jeune cousine qui s'était laissée mourir plutôt que d'avoir à demander la permission de se rendre aux toilettes. Fascinées, mes oreilles écoutaient religieusement ces récits quasi bibliques qui m'incitaient à une grande prudence hygiénique. J'ai gardé le souvenir vivace d'un cataplasme à la moutarde qu'elle m'avait appliqué sur la poitrine dans mon lit des Mesnuls (le remède subsistait jusqu'aux années 1960). Regardant le plafond et le soleil au-dehors, j'étais clouée sous mes draps par la bronchite, une poche cuisante sur le thorax. C'était presque le triomphe solennel de la médecine, un moment d'anthologie enfantine. J'avais surtout très chaud mais je ne bronchais pas. Ma grand-mère vivait selon des croyances ancrées qui me réjouissent encore par leur ingénuité : le moderne se mêlait à l'archaïque. Ses convictions décidaient des normes pratiques et esthétiques de ma vie de bébé. Ainsi, le sujet de mes oreilles était pour elle primordial, elles devaient rester bien collées. Elle surveillait avec vigilance la nurse en blouse blanche dévolue à mes soins et intervenait quand par malheur celle-ci négligeait de discipliner mon oreille retournée sur son corsage offense irréversible à ma beauté future. J'ai porté pendant des années un petit fichu de fermière pour les tenir plaquées et obéissantes. Santé et robustesse primaient, mes chaussures devaient maintenir la cheville ; je portais souvent des petits gants de coton blanc ou bleu marine afin d'éviter le contact avec la « saleté » si nous prenions l'avion. Il fallait me sortir en promenade par tous les temps pour que je sois en bonne santé et je l'étais.

Ceint de murs grège qui dérobaient les alentours, le parc des Mesnuls s'étendait de part et d'autre d'un muret de séparation percé d'une poterne. La franchir, pensais-je, ce serait surprendre quelque fantasmagorie masquée par la muraille. Ne m'attendait de l'autre côté que mon saule préféré, faisant ondoyer ses tiges jusqu'à terre ; j'aimais passer et repasser dans son rideau de feuillage pour qu'il caresse mon visage. Un terrain de pétanque attendait en vain ses boulistes, le pavillon anglo-normand des gardiens veillait sous l'ombre des arbres – je n'avais pas le droit de les déranger. Sur ce parc régnait en roi incontesté un coq avantageux et solitaire offert par le voisinage, qui avait toute latitude d'arpenter en picorant pelouse et plates-bandes. Ses apparitions multicolores au gré des buissons amusaient le couturier lors de ses rondes dans la propriété, l'œil à tout. La cuisinière avait renoncé à en faire un civet : la viande aurait été trop dure. L'ancienne charretterie de la propriété avait été aménagée : le premier étage à destination de mes parents en visite et le rez-de-chaussée en un lieu magique affecté à mon seul usage. Ma grand-mère y avait fait installer un ancien carrousel, sans doute chiné aux puces. La porte-fenêtre à croisillons ouvrant sur les tomettes éteintes faisait une lumière de chapelle abandonnée. Actionné à la main, le manège bas oscillait un peu, ses sujets défraîchis tournaient lentement dans la pénombre de la pièce circulaire. Quelle jubilation, évidemment, de monter sur n'importe lequel ! Le mot « privilège » prenait tout son sens.

Son « petit trésor »

Je me souviens d'un bel après-midi où ma grand-mère devisait au soleil avec les gardiens ; comme souvent j'étais dans son sillage. (C'était un couple d'Espagnols débonnaires, exilés, à l'image de tant de gens de maison – ma mère s'en méfiait et les traitait de communistes.) Mon oreille traînait sans écouter vraiment leur conversation d'adultes, jusqu'au moment où je l'entendis leur dire : « Quand je ne serai plus là… » D'un coup je ne voyais plus ni n'entendais plus rien, un gouffre sans fond me sautait à la figure. Cette phrase giflait de sa réalité inaudible ma vie d'enfant, mon esprit se débattant furieusement en criant « non ! ». Je découvrais ce jour-là ce que signifiait la mort.

Une décennie avant la propriété de Montfort-l'Amaury, Madame Grès avait acquis en Bretagne Nord un manoir du XVIIe siècle digne d'un conte de Perrault. À portée d'une petite grève, son enceinte était bercée par le chant d'un ressac invisible, que les caprices du vent faisaient taire ou murmurer. L'appellation du lieu-dit charmait ma grand-mère autant que l'endroit lui-même, la voix ombrée d'émerveillement lorsqu'elle m'énonça la signification de « Port-Béni » : un nom aux augures de porte-bonheur qui comblait sa fibre superstitieuse… Elle n'était pas loin de lui attribuer un pouvoir de félicité. Mes parents s'y étaient en effet mariés. Bordée dans mon enfance par un champ d'artichauts, la bâtisse austère flanquée d'une tour d'angle inspirait mon imaginaire de petite fille. J'y respirais le parfum du vrai mystère, d'autant qu'un cinéaste amateur y avait filmé les promenades d'un fantôme : sur les images en super-8, la créature prenait vie sous son drap blanc et se faufilait dans le parc désert. Elle se livrait à des facéties inquiétantes, j'en étais persuadée, s'évaporant à l'angle du manoir et réapparaissant à pas furtifs pour se glisser le long des murs de granit. La projection du petit film avait suscité un vif amusement chez ma grand-mère et chez moi un abîme de perplexité : j'étais interloquée qu'elle ne soit pas contrariée des libertés prises par le cinéaste farceur, et assez inquiète à la perspective de retourner au manoir... Le délice de cette anecdote traduit une indulgence malicieuse pour l'insolite que son apparence sévère ne laissait guère deviner.

Mes parents s'étaient unis à Port-Béni durant les années 1960 : ce fut la période de gloire du manoir. Au fil du temps, son éloignement de la capitale expliquait que nous nous y rendions assez rarement. Il attendait, désolé, une résurrection qui ne viendrait jamais ; ses murailles hors d'âge semblaient nous reprocher d'avoir tant tardé à revenir. Complices, la plainte du vent et son effluve salin s'engouffraient dès qu'une fenêtre était ouverte, les marches en pierre de l'escalier en colimaçon me réservaient à coup sûr quelque mauvaise surprise à leur détour. C'était un soulagement d'atteindre la porte de la chambre de ma grand-mère, où trônait un drôle de cube monumental sur pied, son lit clos breton. Je grimpais l'y rejoindre grâce au marchepied adéquat. Il me faisait l'effet d'une petite maison douce, gigogne de la grande.

Je suis retournée il y a quinze ans à Port-Béni. Je suis descendue sur la grève silencieuse où quelques barques de pêche reposent leurs flancs à marée basse. Avant d'entrevoir le manoir, inchangé, et de sonner à son portail, je souhaitais m'assurer de ne pas être congédiée. Je m'en allai au bourg pousser la porte de la mairie. Je n'eus pas à expliquer longtemps qui j'étais à la secrétaire, ses souvenirs étaient très nets. Elle téléphona au garde champêtre pour signaler ma présence, lequel révéla, à mon étonnement, qu'il avait été enfant de chœur au mariage de mes parents ! Vertige, ce passé que je croyais bien mort avait donc des survivants… Plus surprenant, tant de décennies plus tard, la mémoire de Madame Grès demeurait vivace : cette dame me raconta que le couturier venait chaque année faire discrètement un don aux œuvres sociales de la commune, ceci jusqu'aux années 1980. Je n'ai pas sonné au manoir, on me l'a déconseillé.

Son seuil en pierre sert de cadre à la seule photo que je connaisse de Madame Grès en pantalon et accroupie dans une posture inhabituelle, à ma hauteur en somme. Souriante, elle m'observe en compagnie du gardien (à chaque propriété son couple de gardiens), bébé en salopette absorbé par le guidage cahin-caha d'une roue à pousser multicolore. Elle ne dédaignait pas le vestiaire masculin, « adapté » à ses mesures. Sur un portrait hiératique de 1950 fait à la campagne (autre propriété encore), son caniche royal sur les genoux, elle porte son turban associé à un blouson de pilote, fermeture éclair haut remontée : l'effet est très inattendu, comme un lord raide portant kilt. Les vêtements d'homme, elle l'affirmait, étaient « pratiques », ce qui représentait à ses yeux le compliment ultime pour un vêtement et justifiait que j'étais souvent habillée comme un petit garçon. Mes robes à smocks de La Châtelaine, mes manteaux anglais et chères babies à double bride n'étaient hélas de sortie qu'aux grandes occasions. Nous utilisions un antique tire-bouton pour les attacher, l'occasion de me conter comment sa mère l'utilisait pour les multiples attaches des souliers de son enfance, les fameuses « bottines à boutons » 1900. Les jours quelconques, c'étaient des Start-Rite marine à lacets serrés qui faisaient le pied en virgule. Jamais à Paris le couturier ne serait apparu dans une tenue qui fleurait la décontraction. L'apercevoir bras nus et sans turban était signe d'intimité, toute sortie à l'extérieur même en plein été la voyait tête et bras couverts. Elle me vantait l'époque où les messieurs par une chaleur torride se vêtaient de complets en lin immaculé, où le laisser-aller n'était pas de mise. Cela m'évoquait l'héroïsme de martyrs en armure de toile blanche, inaccessibles à la chaleur et à la transpiration.

Pendant les grandes vacances de ces premières années, nos pas nous menaient régulièrement en Bretagne Sud chez mes parrain et marraine, un couple que ma grand-mère tenait en grande affection. De Vannes à l'île aux Moines, où elle faillit acheter une petite maison, elle trouvait là une atmosphère de détente très éloignée du rôle de « grand couturier » qu'elle se devait de tenir dans la capitale. Néanmoins, nous arrivions conduites par notre inamovible chauffeur, dans une grosse voiture. La simplicité voulue était circonscrite par un apparat discret dont rien n'aurait pu la défaire. Elle amenait dans son sillage la stature d'une grande dame et à son corps défendant un raffinement de manières remarqué. Ainsi, le moindre des cadeaux qu'offrait ma grand-mère provenait des meilleurs fournisseurs parisiens… brassées de fleurs transportées exprès de Paris par le chauffeur ou coquet tailleur pour ma marraine, réalisé par un atelier de la Maison Grès. Et toujours un flacon de Cabochard.

Mon parrain Charles exerçait comme médecin de famille dans son cabinet de Vannes et, honneur redoutable, avait été choisi par ma grand-mère pour officier à ma naissance comme accoucheur, bien que ce ne fût nullement sa spécialité. Elle fondait en lui une confiance superstitieuse qui lui assurait que Charles serait le seul praticien qualifié pour le moment capital. Mon parrain me tira aux forceps de ma mère endormie – une banalité dans les années 1960. Ma marraine avait perdu à la naissance son premier enfant, une petite fille prénommée Anne ; le couturier avait conscience de la place particulière que j'occupais dans leur cœur. Elle goûtait, auprès de cette famille étrangère à son milieu courtisan, chaleur et fidélité, mon parrain maniant à tout propos une caméra de poche et un humour pince-sans-rire qui la réjouissait. Mes yeux d'enfant ignoraient encore quelles circonstances avaient fait d'eux des intimes deux décennies auparavant, découverte que je fis il y a peu.

Prise dans leur appartement de Vannes, une photo nous montre toutes deux en 1970, ma grand-mère assise s'inclinant vers moi, debout en combinaison pantalon de polyester et cheveux courts – j'ai 4 ans, et avec bonheur sa joue contre la mienne. Là encore, une main m'étreignant et l'autre tenant doucement mes doigts, elle murmure à mon oreille. Il n'y a pas plus réjouie que moi : l'œil décidément aux aguets, le sourire plein de dents et les boucles en auréole, je savoure la tiédeur de sa main sur mon ventre replet. Madame Grès a beau avoir 70 ans, sa silhouette de jeune femme lui permet d'arborer une jupe courte et un pull chaussette. Son turban clair et son collier de perles à double rang lui donnent un chic fou. Derrière nous, dans le reflet d'un miroir, ma mère apparaît masquée par son appareil photo. Je ne connais pas d'image qui nous réunisse toutes les trois ; de ma mère et moi, guère. Davantage que des phrases verbeuses, quelques images sans paroles témoignent de la proximité physique qui me reliait à ma grand-mère. Les regarder plus de cinquante ans après fait resurgir une chaleur protectrice que rien, encore moins médisance maternelle ni paternelle, n'a su éteindre. Nous ne vivions rien qui diffère du lien qui relie une mère à son enfant, où même l'absence devient présence.

Convoquer ce souvenir rappelle une autre réminiscence, colorée d'or et de bleu ciel. Madame Grès entretenait en toute inconscience avec la chose religieuse une relation où la superstition supplantait innocemment la foi. Cette tendance avait motivé dans mon tout premier âge l'acquisition de multiples médailles à mon intention, frappées à l'effigie de divers saints, de l'ange de Raphaël, de la Vierge Marie et de l'Enfant Jésus, qu'elle avait fait évidemment bénir. J'étais loin d'être en âge de les porter et leur quantité l'aurait empêché. Ma grand-mère les avait attachées par de minuscules épingles à nourrice sur un joli ruban blanc brodé de bleu marine. Formant un nœud à grosses boucles, la guirlande de médailles ornant un cadre de velours bleu ciel faisait face à mon lit : c'est pourquoi je ne l'ai pas oubliée. Leur présence formulait ni plus ni moins une protection divine sous laquelle elle m'avait placée. Peut-être trahissait-elle autant sa crainte d'une perte. Après mon baptême tardif (3 ans), je portai une médaille de Vierge à l'enfant assortie d'une croix très simple que je mâchouillais volontiers : l'or piqueté de traces de dent ne la contrariait aucunement. Vers mes 8 ans, la petite chaîne était alourdie de plusieurs médailles descendues de leur cadre et ce davantage que raisonnable. Elle ne me quittait pas, jour et nuit. Alors que je passais des vacances au bord de la mer avec mon autre grand-mère, la chaîne disparut – à son grand désespoir, étant donné la valeur qu'impliquait son poids. Quand, gênée, elle révéla sa perte à Madame Grès venue me chercher, celle-ci lui répondit avec délicatesse – je les revois encore, à la grille de la maison : « Il y a des choses plus graves... » L'épisode fit long feu chez mes grands-parents paternels.

Pour nommer les proches qu'elle affectionnait, le couturier procédait selon une curieuse manie : les surnoms. Ils se trouvaient littéralement rebaptisés par ses soins, si bien que toute mon enfance j'ignorai leur véritable prénom. Rue de Lille, dans les années 1960, Madame Grès avait retrouvé par hasard une cousine germaine perdue de vue depuis l'enfance : le caractère acariâtre de sa mère provoquait les brouilles familiales. Cette dame tenait un magasin d'antiquités dont le couturier allait pousser la porte par hasard au gré de sa tournée des antiquaires, une occupation de prédilection. Dès lors, les cousines ne se quittèrent plus, ma grand-mère rendant visite à « Loulette » et sa fille presque chaque jour. Tout naturellement et sans ostentation, il arrivait que les ateliers de la Maison Grès les habillent. Elles firent ensemble des voyages jusqu'en Inde ou à Moscou, les cousines venaient nous rejoindre l'été en Provence, mais malgré leur proximité, ma grand-mère, je le sais aujourd'hui, ne se livrait jamais. Elle ne se racontait à personne : ses cloisons de l'intime empêchaient tout franchissement de limites bien perceptibles. Nul n'aurait tenté de le faire, tant son autorité naturelle impliquait la réserve en ce domaine. Je n'ai appris le vrai prénom de Loulette qu'après son décès. Madame Grès gouvernait sa vie par le secret, et son usage inoffensif des surnoms, voire des pseudonymes, y participait. Là encore, il m'a fallu atteindre l'adolescence pour découvrir avec stupéfaction que ce n'était pas son prénom authentique qui figurait sur la signature « Alix Grès » apposée à mes bulletins scolaires depuis toujours. Ceux qui étaient admis à plus de privauté que ne l'autorisaient « Madame » ou

« Mademoiselle » (à la Maison Grès) l'appelaient ainsi… un prénom qu'elle s'était choisi au début des années 1930 ! Le « Germaine » de son baptême était enfermé, cadenassé au tréfonds de l'oubli : elle le trouvait laid, trop quelconque en vérité. Et ceux qui l'auraient connu étaient tenus de l'oublier.

Un jour d'hiver, nous avions rendu visite dans le fin fond de l'Oise à un monsieur très âgé et fatigué. Il habitait avec sa femme une masure plantée dans une plaine désolée, que jouxtait un enclos où, comme les survivants d'une splendeur passée, trottinaient de superbes lévriers barzoï : tout me semblait respirer la tristesse. Nous sommes entrées dans l'unique pièce, accueillie avec déférence par la dame qui se retira ensuite dans un coin. Le vieux monsieur qui reposait sur un divan n'était plus en mesure de se lever. J'ai alors vu ma grand-mère, cette figure de la rue de la Paix, s'asseoir à son chevet et l'étreindre. Ils conversèrent longtemps à voix basse, éclairés à contre-jour par une lumière de novembre et se tenant la main. L'intensité de la scène me faisait détourner le regard : à mon âge, je n'avais pas encore assisté à de tels adieux. Qui était cet homme dont elle semblait si proche et que je n'avais jamais rencontré ? Je n'appris qu'un surnom, « Pope ». Quelque temps après, sa photo prise sur son lit de mort est apparue dans la chambre de ma grand-mère.

Je sus que Pope avait été le parrain de ma mère, mais je n'éclaircirais son nom et son histoire que des décennies plus tard. Les surnoms nous concernaient au premier chef, ma mère et moi, puisque je n'ai jamais entendu ma grand-mère prononcer simplement nos prénoms (identiques), Anne. Ma mère était « Kiki », et moi « Petite Anne » ou « petit canard ».

À la table du petit déjeuner ou sur mon bureau d'écolière, elle déposait avant de s'absenter quelques mots, illustrés d'un petit dessin ou d'un découpage fait dans un journal, me signifiant qu'elle était présente en pensée. Pressée, travaillant du matin au soir, elle prit le temps toute mon enfance de s'attarder quelques minutes pour me laisser ses tendres missives écrites au feutre sur un revers d'enveloppe ou une feuille quadrillée arrachée à son bloc Rhodia. Sous les phrases aimantes je trouvais un croquis d'animal, de fleur… À la Maison Grès comme chez nous, elle semait ses instructions écrites çà et là si son interlocuteur était absent, veto formulés avec politesse qui n'auraient su être contournés : son regard et son droit de regard s'étendaient comme une nasse à laquelle rien n'échappait. Au long de décennies qui remontaient aux années 1930, elle avait investi « le » pouvoir, s'était créé un royaume personnel qu'elle gouvernait sans partage, sa bienveillance venant adoucir une autorité redoutable. « J'ai un œil derrière la tête », me disait-elle ; décelant sans coup férir mes tentatives de désobéissance, elle parvenait à m'en convaincre. Lorsque je fus en âge de le faire, le rituel des cartes de vœux ou des lettres de courtoisie, de bon rétablissement, etc., devint d'importance. Il arrivait qu'une cliente ou une connaissance de Madame Grès, ayant croisé la petite-fille que j'étais à la Maison de Couture, transmette un cadeau pour moi, jeu, poupée ou friandise de haut vol : je devais prendre la plume en m'appliquant pour rédiger des remerciements circonstanciés. De même lorsque je fus opérée de l'appendicite et que les présents affluèrent à la clinique, principalement des chocolats de Pâques que je ne pus avaler. Ma grand-mère voyait certainement dans ces exercices de correspondance précoces un entraînement aux « usages ». Elle composait elle-même des modèles que je recopiais, puis vint l'âge où je fus capable d'écrire les brouillons qu'elle corrigeait ensuite. Je tirais à la règle selon ses conseils des lignes légères au crayon afin d'écrire droit, que j'effaçais ensuite délicatement ; je devais être attentive à l'espacement régulier des lignes, qui avaient tendance à pencher, hélas. Cet exercice déjà périlleux se doublait de consignes sur l'adéquation précise des formules de politesse et, véritables chausse-trappes, l'intitulé de l'adresse. Selon la position hiérarchique du destinataire, fallait-il inscrire « Mme la Duchesse de… » ou « S.A.R. » (Son Altesse Royale) ? Et ainsi de suite. Même si je n'étais qu'une enfant, ma grand-mère veillait à ce que les lettres aux messieurs se terminent par des salutations distantes. Bref, c'était mon initiation aux codes du « Monde », préalable à une entrée que je n'y fis jamais ; d'autant qu'à une ou deux exceptions près, les figures à mes yeux auréolées qui fréquentaient le temple de la Couture qu'était la Maison Grès ne franchissaient jamais notre seuil : c'étaient deux sphères étanches.

Mon éducation à l'écart des tumultes pailletés qui auraient pu me tourner la tête et son besoin de solitude présidaient notre quotidien. La discrétion de ma grand-mère au sujet de ses clientes s'expliquait par son refus de toute vanité : leurs noms étaient prononcés dans des murmures si par aventure je me trouvais dans les parages – il était impensable que je puisse les répéter à l'école. L'inventeur de robes somptueuses réprouvait avec dédain l'ostentatoire, jugé comme le contraire même de l'élégance. Ainsi, ses fourrures, vison ou renard, n'étaient portées qu'en pelisse ; je plongeais avec délice le nez dans son manteau ciré noir, en cuir doublé de renard, qui embaumait Cabochard. J'y retrouvais à chaque fois l'effluve caché du petit animal roux qui se serait parfumé en secret. Cabochard était le seul parfum que je connaissais, sillage aussi rassurant qu'une corne de brume pour les marins déroutés. Étrangement, il m'évoquait le brouillard et son flottement, qui transporte en nuées légères une odeur assourdie de sous-bois et de fleurs timides. Mon nez me racontait que Cabochard abandonnait derrière lui d'invisibles spirales poudrées dont les rubans se répandaient à l'infini. Madame Grès l'offrait à toutes les femmes de notre entourage, y compris à notre fidèle cuisinière Tina : les croisant, comme reliées par un même signe, je me trouvais en terrain connu. Le sentant soudain dans un magasin, dans la rue, je cherchais des yeux l'inconnue qui le portait et brûlais de lui dire : « C'est ma grand-mère qui a inventé ce parfum. » Je ne pouvais m'empêcher de l'observer, à la recherche de quelque indice. Aujourd'hui encore, le temps est en suspens lorsque survient comme un souvenir l'odeur de Cabochard.

Se remémorer quelqu'un fait aussi revivre ses mains. Ce pourrait n'être que simple évidence au sujet de Madame Grès, son travail en découlait. Mais à hauteur d'enfant, ses mains participaient pour moi à bien d'autres activités agiles. Je les revois très nettement, petites et vives à l'image de ma grand-mère. Elles ne se plaisaient qu'aux œuvres minutieuses, si prosaïques soient-elles. Combien de repas ont été suspendus le temps qu'elle prenne mon assiette pour trancher ma viande ? Après avoir chaussé ses lunettes à double foyer (souvent elle les croyait égarées alors qu'elles étaient sur son front), elle s'attelait religieusement à couper de tout petits morceaux – les gros morceaux étaient proscrits car ils gonflaient les joues. Vendredi, jour de poisson, elle saisissait les couverts idoines pour défaire centimètre par centimètre la chair à la recherche d'une arête traîtresse. Ses mains jouaient avec couteau et fourchette le genre de partition virtuose qui permet d'éplucher une pomme ou une banane, prouesse dont mon oncle se souvient encore. Pour moi, ses doigts s'amusaient à de petits jeux virtuoses, trottinaient sur mon bras, se cachaient, mimaient des ombres chinoises. Le tintement de ses bracelets joncs ponctuait leurs acrobaties. Elle tirait de temps à autre d'un placard un délicat nécessaire à manucure en ivoire qu'elle serrait dans une peau de chamois, et polissait ses ongles limés en ovale. Cette marque de soin discrète était à l'aune de son rapport à la coquetterie, mesuré. Sa main représentait un outil de travail avant toute chose, dont les ongles s'avéraient nécessaires pour gratter, tirer, marquer. L'observant comme un paysage en soi, marquée de veines sinueuses et comme tachée de ce café qu'elle buvait tant, je me demandais si les miennes y ressembleraient un jour. Elle arborait continuellement à la droite deux bagues en argent serties d'une grande pierre dure taillée en ovale, des talismans qu'elle n'ôtait qu'à l'occasion de réceptions prestigieuses exigeant efforts d'élégance. Elles cliquetaient entre elles lorsque ses mains travaillaient le tissu. J'ai encore dans l'œil le reflet d'une agate noire veinée de marron, sans prétention, que j'ai toujours connue. Seule leur taille faisait remarquer ces bijoux, débordant et glissant de côté sur ses doigts frêles.

Ma grand-mère éprouvait une affinité étrange pour les nœuds, sorte d'excentricité banale ; j'assistais fréquemment à des séances d'empaquetage de colis qu'elle emballait elle-même avec du papier kraft. Peu m'importait leur contenu, j'étais fascinée par le ballet de ses doigts dansant avec la ficelle de jute. Le point d'orgue des manipulations était atteint lors de la confection du nœud final : double, triple, complexe, pour plus de sûreté elle en réalisait un deuxième attaché à dix centimètres du premier, absorbée et satisfaite. Un bon nœud devait être inextricable. À l'inverse, elle tirait un vif plaisir à en défaire ; le défi d'un nœud malignement emberlificoté avait sa préférence. Sortir les ciseaux du tiroir équivalait au sacrilège et l'œuvre de dénouer à un accomplissement : elle ne comptait pas le temps passé à la tâche. Ma compréhension enfantine était imperméable à ces efforts mais j'avais moi-même interdiction de recourir aux ciseaux pour déballer un cadeau enrubanné. Je voyais ses doigts pousser les entrelacs, traquer le millimètre qui se relâchait et ne jamais perdre patience. (La patience, vertu cardinale, guidait le choix des jeux de poche qu'elle m'offrait, petits labyrinthes à billes minuscules et leurs cousins.) Après de longues minutes, ses mains brandissaient en triomphe le métrage de ficelle vaincu ; mais ce n'était pas terminé. En épilogue, le jute précieusement lacé en écheveau allait rejoindre ses prédécesseurs dans un tiroir. Elle avait, je pense, conservé de la période de guerre et ses restrictions le réflexe de tout garder. Les morceaux de papier de soie utilisés pour les emballages délicats étaient traités avec le même égard. Sa main lissait avec précaution leurs faisceaux de froissements. Il lui arrivait même de convoquer le fer à repasser pour rajeunir les feuilles blanches, caressantes comme la plume. Le papier de soie avait pour moi la légèreté des mains de ma grand-mère. Comme la ficelle, elles étaient rangées dans leur tiroir en feuilleté bavard, dans l'attente de resservir.

Mais le geste mémorable, répétitif, était celui de sa main plongeant dans la pochette en cuir qu'elle portait à la taille pour y pêcher les épingles : l'image d'un ouvrier à la tâche. Cette pochette marron et ses liens étaient noircis, cartonnés par les années d'usage. Dans notre appartement aux pièces en enfilade, ma salle de bains ouvrait sur son atelier, la pièce sacrée et interdite, le ménage y étant à peine toléré. Si la porte était entrebâillée, il m'arrivait de glisser un œil pour apercevoir ma grand-mère les bras levés, épinglant la toile sur son fidèle mannequin Stockman. Ma mémoire restitue la scène en tableau immuable, dont le cadre, l'éclairage, le décor et le personnage central restaient identiques : au centre, une longue table sur tréteaux chargée d'un fouillis dont la disposition jour après jour variait peu – tissus, cahiers, livres et mètre, aimant en fer à cheval, taille-crayon et crayon à papier. Les boîtes en carton Bohin remplies d'épingles trônaient dans l'attente, à l'image des rouleaux de toile de coton appuyés contre le mur. Ma grand-mère me confiait de temps en temps l'aimant fer à cheval afin que je parte à la pêche aux épingles, besogne honorifique : je le lui rapportais transformé en porc-épic, ravie des fagots d'épingles qui s'aimantaient les unes aux autres.

Je revois sa silhouette, toujours debout, affairée à porter un trait de ciseaux dans la toile puis la déchirer d'un mouvement sec. J'entends encore le crac caractéristique des fibres qui cèdent en douceur, discret métronome dans les nuits de l'appartement. Elle pliait les pans, épinglait la matière à toute vitesse avec des épingles qu'elle coinçait entre ses lèvres. Ses doigts étaient tout secs à force de frottement et je me demandais comment elle venait à bout du volume de toile inerte entassé au pied du mannequin. Elle s'arrêtait de temps à autre pour esquisser au crayon de menus croquis accompagnés de quelques mots, un charabia aide-mémoire ; j'ai toujours connu ses blocs Rhodia passe-partout, jaunes à petits carreaux, qu'elle fourrait dans son sac à main. Ils ne renfermaient pour moi que d'insignifiants dessins griffonnés à la va-vite. Comment aurais-je pu imaginer qu'ils seraient un jour vendus à prix d'or ? Le bolduc, ruban de coton blanc de cinq millimètres de large, était aussi l'un de ses précieux alliés. Elle en dévidait allègrement les métrages et l'épinglait sur la toile pour marquer avec précision certaines lignes de couture qui structuraient le modèle. Tenant le mannequin par l'épaule, elle le faisait tourner sur son pied dans un grincement que j'entends encore comme une berceuse. Elle lissait la toile, lui jetait un coup d'œil acéré puis ôtait quelques épingles pour la détacher de son support. Je la voyais alors soulever du bout des doigts, comme un moulage de femme, une fantomatique poupée vide hérissée d'aiguilles. Elle la posait avec précaution sur la table, fragile fardeau qu'elle emporterait dans ses bras rue de la Paix.

À la maison, ma grand-mère travaillait la nuit à la préparation des collections, et ce depuis toujours. Elle le faisait d'autant plus dans sa jeunesse, m'avait-elle raconté, ingurgitant « des litres de café et des kilos de chocolats pour tenir ». Les murs blancs de son atelier étaient éclairés par un lampadaire à gros spots métalliques qu'elle orientait à sa guise. Grâce au jeu des miroirs des portes de nos salles de bains, de part et d'autre de l'atelier, j'apercevais le fond de sa chambre. Sachant qu'un enfant n'aime pas l'obscurité, elle laissait volontiers les portes ouvertes, que j'orientais à pas de loup avant de me glisser dans mon lit. Ainsi je la regardais travailler à son mannequin avant de m'endormir, ou penchée à la lueur de sa lampe, sur son bureau couvert de papiers. Des rayonnages emplis de livres d'art couvraient du sol au plafond et sur toute sa longueur un mur de l'atelier : peinture, photographie, tissage, archéologie, peuples lointains et bien sûr plusieurs volumes au sujet de l'histoire du costume*. Je n'avais pas le droit de fureter mais je le faisais quand même, le plus souvent pour regarder sans toucher à rien. Un jour, mon œil fut attiré par un très grand livre qui dépassait, au titre incompréhensible, *Les Nouba de Kau* (de Leni Riefenstahl). Intriguée par la couverture qui montrait (à mes yeux d'enfant) des « guerriers africains » contrastant avec un ciel d'azur profond, je l'ouvrai ; quelle ne fut pas ma surprise à la vue d'hommes à la peau si sombre, luisant au soleil et bondissant parfaitement nus au cours de rites cérémoniels ! Évidemment je ne savais rien de l'Éthiopie ni de la célèbre photographe allemande, mais j'étais

* Je reconnaîtrais plus tard les ouvrages de François Boucher et Ludmila Kybalova.

surtout effarée que ma grand-mère, si prude, puisse posséder un livre pareil. Candide et ignorante de la vie, j'étais persuadée qu'elle n'avait jamais vu de nudité masculine.

La créatrice au travail, manipulant avec précaution
un taffetas à la Maison Alix,
rue du Faubourg-Saint-Honoré (1938).

Chapitre 2

De Paris à Saint-Paul-de-Vence

Le Paris de mon enfance se résumait à la rive droite ; ma grand-mère y avait pris ses quartiers quarante ans plus tôt : le succès fulgurant d'Alix, sa première Maison de Couture, son mariage en 1937... Un certain embourgeoisement lui avait fait délaisser l'appartement niché entre la Seine et le Bon Marché, où elle voisinait avec Robert et Sonia Delaunay. Aux confins de l'Ouest parisien, seul le 16e arrondissement compassé du secteur de la Muette trouvait grâce à ses yeux : elle s'y trouvait à distance suffisante du chic opulent de l'avenue Foch, voire clinquant – les Champs-Élysées. Là où s'alignaient des magasins de bon ton et d'élégantes façades en leurs jardinets, elle était à son aise. Une sociabilité assurée de discrétion la retiendrait toute sa vie dans les parages : on l'arrêtait rarement au passage sur ces trottoirs éloignés de la place Vendôme, ceux qui la reconnaissaient se contentaient d'un infime signe de tête. Elle évoquait de temps en temps avec nostalgie un coin de campagne à la ville, sa première maison dans le 16e, au cœur de la Villa Montmorency. À cette adresse que je n'étais pas en âge de situer, un idyllique pavillon pourvu d'une volière bruissante agrémentait son travail d'atelier ; selon ma grand-mère, un phénomène incompréhensible aurait décimé comme la foudre la totalité des oiseaux. Elle affectionnait ces mystères. À l'époque, chacun circulait encore à sa guise dans cette cité bucolique accueillant un asile pour vieillards nécessiteux, bien différente de la résidence huppée d'aujourd'hui. En femme mariée, elle avait connu là quelques mois de vie conjugale avec un mari peintre qui vivait le plus clair de l'année à Tahiti – un singulier foyer d'artistes qui logeait aussi à demeure le mannequin-muse du couturier, Muni, une danseuse exotique dont la créatrice ferait sa filleule... J'y reviendrai plus tard.

Mes premières impressions parisiennes prennent la forme d'un large hublot vitré qui découpe la pastille d'une avenue arborée, images semi-évanouies d'un rez-de-chaussée rue de Franqueville. Le couturier avait emménagé en pleine guerre à cette adresse aussi cossue que moderne, guère effrayée par le va-et-vient d'officiers allemands cantonnés à proximité. Architecture typique de sa jeunesse, la façade Art déco couleur sable offrait un pointillé vertical de fenêtres-hublots. Sur les pages d'un *Paris Match* des années 1950, Madame Grès photographiée impromptu dans son salon feuillette ses livres d'art. On y distingue un tableau Renaissance qui l'accompagna des décennies durant, accroché au mur de notre salle à manger. Quelques toiles remarquables aux murs blancs, la lumière naturelle surtout, un vaste sofa en velours et une jarre antique montée en lampe composaient quelques invariants de son décor : un intérieur où rien ne viendrait troubler son œil lorsqu'il se pose. J'apprendrais beaucoup plus tard que cet appartement ouvrant sur les trottoirs du Ranelagh avait connu quantité d'évènements et de visiteurs, du Paris allemand aux fiançailles de mes parents en 1960. C'est aussi là qu'elle avait accueilli ses parents sur leurs vieux jours.

Pendant la guerre, ma mère, petite fille, faisait des signes à sa fenêtre au voisin d'en face, un soldat allemand occupé à fabriquer une mandoline au moyen d'une carapace de tortue ; ma grand-mère lui ordonna de cesser ces marques d'amitié : même souriant, un Allemand était l'ennemi vert-de-gris. Mais se savait-elle alors filée par un inspecteur des brigades spéciales de Vichy, et ce pendant plusieurs mois ? Son dossier des renseignements généraux en atteste, un almanach circonstancié des allées et venues du couturier et de ses fréquentations, qui lui attribue des turpitudes de mœurs hautes en couleur : il en fait une épouse déçue entretenant une double liaison avec son fondé de pouvoir (le parrain de sa fille) ET son mannequin-modèle, son artiste de mari étant resté aux antipodes… À croire que le policier pouvait lorgner jusque dans sa chambre à coucher. (Fait étonnant, le même dossier témoigne de filatures récurrentes jusqu'en… 1981 !) À la même époque, le journaliste de mode Lucien François, arbitre incontesté de l'élégance parisienne, vient chaque soir en familier s'asseoir au piano du salon pour régaler l'assistance de quelques concertos. Précieux allié de Madame Grès en cette période de guerre et accessoirement amant de Muni, il orchestre dans son studio photo du 8e des prises de vue de robes Grès magnifiées par la sensualité de sa muse. Souvent redoutée, son éloquence a laissé de ma grand-mère ce subtil portrait : « Avec son fin visage dont le vaste front est toujours orné de son turban, et ses yeux dont il ne lui est pas facile d'éteindre la malice, telle est Madame Grès. » Pour sauver la façade et l'honneur de sa filleule, la liaison entre la belle Muni et l'éditorialiste au visage chevalin donna lieu à d'éphémères fiançailles.

« Ce garçon qui avait tant de talent… » : l'affection teintée de regret, ma grand-mère se remémorait parfois Lucien François, figure oubliée et équivoque – sa plume servit sans remords une presse affiliée à Vichy. Une lettre étrange m'est parvenue il y a quelques années, « révélant » que Muni l'aurait surpris en plein ébat avec Madame Grès au grenier de sa maison de campagne… et qu'au surplus la fille du couturier n'était pas celle de son mari ! Les rumeurs sur sa vie intime s'avéraient monnaie courante.

L'enthousiasme de la Libération lui faisait accueillir nombre de visiteurs rue de Franqueville : un G.I. dessinateur de presse* remportera de ce passage en France un souvenir dessiné façon case de BD, où la créatrice au turban, croquée avec un physique d'héroïne de comics, travaille à une robe drapée sur son mannequin fétiche ; en arrière-plan, un piano à queue et une statuette africaine. Devenue l'amie des artistes de scène depuis une commande de costumes pour Louis Jouvet, Madame Grès les recevait volontiers chez elle pendant la décennie d'après-guerre. Muni débutait alors au théâtre grâce aux relations de sa marraine, et sa beauté sombre attirait les visiteurs masculins : l'appartement connaîtra l'apparition régulière de Michel Piccoli et Michel Auclair, alors jeunes comédiens de théâtre au charme ténébreux. Des années 1930 aux années 1960, le couturier aura habillé nombre d'interprètes de la scène française, d'Yvonne Printemps à Gérard Philipe, d'Arletty à Maria Casarès en passant par Delphine Seyrig, pour les plus célèbres.

Au début des années 1970, le couturier acquit une maison tout en hauteur au creux d'une petite

* Howell Dodd (1910-2005), dessinateur pour des magazines *pulp*.

voie pavée ; l'allée ponctuée de verdure ne voyait guère de voitures. Ma grand-mère semblait revenue à ses premières amours en matière d'adresse, et à la devise « Pour vivre heureux, vivons cachés ». Le perron était surmonté d'un majestueux vitrage en éventail – dénommé « marquise », m'indiqua-t-elle ; l'appellation teintant de superbe un ornement qui protégeait bêtement de la pluie, je le jugeais bien accordé à la splendeur des robes de ma grand-mère. La maison prenait ainsi un air de cour. Un acacia centenaire agitant ses feuilles jusqu'aux étages faisait flotter dans la cage d'escalier un parfum sucré dont elle raffolait. Le soir, je la savais rentrée grâce au cliquetis des griffes du teckel sur le dallage du hall. Le museau et la queue en parenthèses comiques, Elda trottait d'un air précipité jusqu'à la chambre de sa maîtresse. Là, Madame Grès enfilait ses chaussons, se délassant enfin après sa journée de travail, et redevenait une grand-mère comme les autres dans son intérieur, ou à peu près. Face à son lit siégeait, réfrigérant, le noble dignitaire d'un paravent chinois. Sur la soie fanée de ses pivoines, les mains glissées dans ses manches, il me semblait animé de mauvaises intentions ; l'ancêtre dardait un regard oblique que j'évitais de croiser. Ça n'était pas moins qu'un paravent de la période Qing (1850). Le moindre élément de décoration était choisi, et précieux. Toute de marbre rose, sa salle de bains parvenait à rester simple.

Juché sous la lumière naturelle, le dernier étage était le clou de la maison. Sa verrière d'atelier courait à mi-hauteur de mur sur la totalité des pièces en L. Je ne retiens de la salle dallée que l'élément magistral, une table noire renversante de raffinement. Le plateau de marbre s'incrustait d'un dédale enchanteur de guirlandes de fleurs en pierres dures, fourmillement multicolore à hauteur de mon nez. À Noël, ma grand-mère y disposait les santons des rois Mages dans leur manteau chamarré, comme en promenade sur le parterre fleuri. Cette table florentine illustrait au mieux son amour irrépressible pour certains objets inouïs, dont la valeur était liée à sa sensibilité aux nombreuses heures que nécessitait leur ouvrage. Du surplomb d'une petite coursive, elle avait fait son atelier. Un beau jour, le sol de ce troisième étage s'est effondré. Le banal du quotidien ne l'était pas vraiment : ainsi, en l'absence prolongée de ma gouvernante, ma grand-mère eut recours aux services d'une bonne sœur – présence incongrue, voire surréaliste, dans la maisonnée. Ces deux dames à la tête coiffée devisaient aimablement. Nous voisinions dans le même temps avec une célèbre actrice de cinéma qui habitait une autre maison de l'allée, Danielle Darrieux. Je guettais en vain son passage sur le trottoir tandis que ma grand-mère semblait ne lui accorder que piètre estime, le timbre de sa voix en témoignait. Elle réprouvait en elle la femme légère, notamment sous l'Occupation.

Si le monde parisien venait à Madame Grès dans ses salons de la rue de la Paix, il n'entrait guère plus avant – jusqu'à son propre salon. Le couturier recevait ses visiteurs privés au compte-gouttes, aucune réception avec sa cohorte de réjouissances et d'invités en nombre n'étant donnée à la maison. À ma connaissance, il en allait ainsi depuis toujours puisqu'un seul mode de vie retenait sa convenance : celui qui expurgeait « les excès ». N'était autorisé que l'excès de travail. Un tempérament introverti et un goût précoce de l'étude solitaire avaient gouverné sa jeunesse. En travailleur monomaniaque, elle montrait une claire répugnance pour la distraction festive et ses soubresauts. Le faste était réservé aux soirées somptuaires et distinguées que la Maison Grès organisait à Londres et New York lors des présentations annuelles des collections. Les hôtes que le couturier invitait à pénétrer chez elle devinaient qu'y être admis confinait à une faveur rare. Venus tous de pays étrangers, excepté les intimes, elle ne les voyait donc qu'une fois l'an.

Au printemps, l'Inde en sari s'invitait chez nous en la personne d'une conférencière de l'Unesco : la créatrice avait rencontré Jasleen en 1958 lorsqu'elle effectuait sous l'égide de la Fondation Ford un voyage d'étude sur le textile indien artisanal. Cette spécialiste des tissus anciens mouvait sa forte carrure sous le froissement mordoré de son habit traditionnel ; de sa voix de basse partait un rire tonitruant qui n'incommodait nullement ma grand-mère, d'ordinaire amateur de timbres feutrés. Le bindi rouge à son front et sa villa d'Addis-Abeba dessinaient des sommets d'exotisme. Si dissemblables, papotant tant bien que mal entre anglais et français, elles s'adoraient. Arrivé de Rio de Janeiro à l'occasion du Festival de Cannes, le séduisant directeur du *Paris Match* brésilien *Manchete* rendait visite à Madame Grès en vieil ami, du caviar était alors servi. Toujours bronzé et le sourire éclatant, une pochette blanche à sa veste marine, l'œil qui frisait… irrésistible : laissant échapper une féminité de jeune femme, je voyais ma grand-mère fondre, sous le charme. J'appris récemment qu'ils se connaissaient depuis l'après-guerre où, jeune Carioca fraîchement débarqué à Paris, il devint son intermédiaire en affaires auprès des pays sud-américains. Il serait plus tard lié à ma mère (alors mariée) d'une autre façon. Ma grand-mère faisait-elle mine de l'ignorer ?

À la période des conflits Israël-Égypte, Madame Grès recevait le fils du dépositaire des Parfums Grès du Caire tout en s'enquérant du contexte politique explosif. À l'époque du rideau de fer, l'élégant représentant bulgare de Cabochard venait dîner à notre table. Il s'avéra que le galant homme d'affaires, accompagné au retour de la fille du couturier, glissait dans la valise d'Anne Grès des documents destinés aux renseignements bulgares. Au début des années 1980, Madame Grès accepta le projet d'une journaliste japonaise, un luxueux ouvrage sur son œuvre de couturier : elle la reçut plusieurs jours dans son salon. Sensible aux politesses de cour de la jeune femme, elle le fut beaucoup moins au résultat de l'ouvrage. Mécontente des photos, des fautes du texte trilingue, elle en racheta tous les exemplaires afin que personne n'en ait connaissance. Elle en abandonna quelques-uns à des proches, certains resurgissent aujourd'hui pour se vendre à prix d'or.

Les vacances… Que signifient-elles lorsque l'on s'appelle Madame Grès ? Un peu plus de détente qu'à l'accoutumée. Elle s'éloignait chaque année de la capitale en s'octroyant une trêve estivale : les présentations de la collection haute couture terminées, nous filions à « Saint-Paul » – comme disent les habitants de Saint-Paul-de-Vence. Alors que le chauffeur avait rejoint la Côte d'Azur en voiture, nous voyagions en Caravelle Air France jusqu'à Nice : il nous attendait à l'aéroport. Un point de détail tout naturel pour ma grand-mère qui avait besoin d'être voiturée sur place. Je perçois avec le recul combien ces habitudes témoignaient d'une existence dont un pouvoir nourri de succès avait écarté les limites ordinaires, où par ailleurs des modérations de nonne se mariaient à un décorum de démesure : rien n'était impossible à Madame Grès puisqu'elle décidait de tout dans le monde qu'elle s'était créé. C'est ainsi qu'elle avait acheté l'ancien palais de justice du village, d'époque Renaissance ; imbriqué au milieu d'autres maisons, il ne payait pas de mine de l'extérieur. De féroces dragons chinois en céramique gardaient un labyrinthe d'escaliers qui s'enfonçait jusqu'aux salles voûtées du sous-sol. S'y aventurer le soir, c'était traverser un corridor à remonter le temps, éclairé d'ombres chimériques. Tout était à l'avenant, de splendeur austère et onirique, comme inspiré du palais des *Visiteurs du soir* (1942) de Marcel Carné. Madame Grès tenait là un rôle de duègne affable, furetant de haut en bas de la maisonnée pour contrôler l'état des murs, des statues, des tableaux, etc. La vue sur les remparts et le vallon avoisinant, l'odeur matinale des feux s'élevant de serres en contrebas éclairaient ses étés.

Le village au matin était une citadelle de grâce silencieuse où ma grand-mère flânait, suivie par le frou-frou des colombes blanches sur leurs toits de tuiles. Il lui fallait marcher à petits pas dans les ruelles « caladées » de galets scellés en naïves marguerites, songeant tout haut à l'application de leurs paveurs. Les vieilles dames assises sur leur pas-de-porte, l'antique mercerie-marchand de chaussures où elle achetait des lacets, un modeste lavoir à l'abandon… C'était Saint-Paul et sa tranquillité.

Elle avait comme à Paris ses adresses familières, mais au village elle engageait la causette en voisine : avec Mme Vauzanges, l'antiquaire aux yeux myosotis sous sa capeline ou Mme Clément, la marchande de tissus provençaux, une voyageuse avec laquelle elle évoquait l'Inde. Elle fréquentait l'atelier de notre voisin direct M. Morisset, sculpteur antillais de bois d'olivier. D'aimables salutations étaient échangées avec monsieur le Maire, Marius Issert, bien qu'il ait refusé le projet de piscine de notre jardin sous les remparts. Ma grand-mère retrouvait avec ces promenades une liberté qu'elle n'avait plus à Paris, sans risque de rencontre inopportune ; même si la plupart des Saint-Paulois connaissaient l'identité de cette petite dame en turban et jupe plissée. Et, fait extraordinaire, j'étais autorisée là à vagabonder sans chaperon. Elle, l'adepte d'un art classique, se faisait volontiers déposer à l'entrée de la Fondation Maeght, ce musée à ciel ouvert enchanteur. Sensible à la poésie du lieu, elle m'emmenait flâner dans une libre découverte de l'art moderne et son dialogue avec le silence parfumé de la Provence.

Au mois d'août ses rituels incontournables : le dîner à La Colombe d'Or, mythique auberge de Saint-Paul, et la visite au marché aux fleurs de Vence pour l'anniversaire de ma mère. Le chauffeur nous déposait de bon matin – avant que la chaleur n'épanouisse les fleurs, sur une place où les marchandes exposaient à l'abri des platanes leurs éventaires croulant de brassées odorantes. Ma grand-mère achetait fidèlement à la même petite dame une botte de roses fraîches coupées à l'aube et qu'elle choisissait une à une, son amour maternel les voulant parfaites : la commande d'un bouquet chez Interflora n'aurait pas relevé de la même attention. (Y faisant référence un jour, ma mère n'hésita pas à me clamer qu'elle détestait les fleurs coupées, foulant aux pieds ces instants et le soin qu'y mettait ma grand-mère…) Elle réservait pour la même occasion une table à la terrasse de « La Colombe », comme disent les Saint-Paulois, où se dressait l'insolent pouce du sculpteur César, frôlant les 2,50 mètres. Dans la nuit provençale et les brouhahas policés, Madame Grès devisait avec ses invités habituels, deux messieurs qui tenaient à Saint-Germain-des-Prés une galerie* dédiée à l'univers du théâtre. Elle leur achetait des œuvres d'Erté, Leonor Fini ou Christian Bérard. Parfois, l'hôte d'une autre tablée s'approchait pour la saluer avec déférence. Pour ma part, j'attendais surtout l'entrée en scène du photographe attitré de Saint-Paul, Jacques Gomot. Allant d'une table à l'autre, il immortalisait les convives d'une photo qui serait commandée ensuite. Le doigt sur le déclencheur, il imitait à ma grande joie le trille

* Galerie Proscenium, rue de Seine, dans le 6e arrondissement.

du « petit oiseau qui va sortir » : Madame Grès s'y prêtait de bonne grâce. Dans la journée, à quelques mètres de là, j'observais Lino Ventura ou Yves Montand jouer incognito aux boules sur le sable de la Grand-Place.

Ses vacances n'en étaient pas moins studieuses. Elle emportait dans son bagage quantité de dossiers concernant la Maison Grès, auxquels elle travaillait devant sa fenêtre ouverte sur un jardin d'orangers voisin. Sur un prie-Dieu se tenait son petit santon préféré du « ravi » de la crèche, métaphore de la candeur. Sa double porte blanche soigneusement close, nul n'était autorisé à la déranger ; elle tirait régulièrement d'un placard verrouillé des livres qu'elle m'avait choisis en prévision des vacances. Quelques visiteurs estivaux apportaient l'intermède. Elle se rendait à plusieurs thés rituels aux environs de Biot, notamment chez l'une de ses clientes américaines, une veuve très glamour qui nous recevait à sa villa sous la pinède ; près de ses deux limousines lustrées, nos chauffeurs respectifs discutaient en attendant la fin de l'après-midi. Madame Grès naviguait sans affectation entre des fréquentations d'horizons variés : d'un repas d'affaires au très sélect hôtel du Mas d'Artigny jusqu'au café dans la salle à manger du libraire du village, cinéaste à ses heures (le fantôme du manoir !), où elle passait volontiers l'après-midi. Fait notable qui marquait une franche coupure avec l'ordinaire : l'absence totale dans cette villégiature de ses partenaires habituels, les tissus.

La rentrée à Paris, c'étaient aussi les retrouvailles avec leur odeur de paille veloutée. C'était revoir un objet qui ne prenait pas de vacances, indissociable de ma grand-mère : la boîte blanche de la Maison Grès qu'elle tenait si souvent avec elle, les doigts serrés sur le nœud du bolduc. Surmontée d'un nœud parfait, elle apparaissait çà et là, de l'entrée à l'atelier en passant par sa chambre. Le carton plat légèrement grené, bordé d'un liséré noir satiné, faisait ses allers-retours entre la rue de la Paix et notre appartement pour déplacer bien à plat les échantillons ou ébauches de travail en cours. En précieux passager, il arrivait qu'il soit transporté seul par le chauffeur, livraison express d'un modèle à l'intention d'une destinataire exceptionnelle, femme de politique souvent. Il s'est ouvert sur nombre de mes vêtements d'enfants, réalisés dans les ateliers d'après les directives de ma grand-mère, blancs le plus souvent : chapeau cloche en paille légère, chemisiers de popeline à manches ballon ; un ensemble en mousseline jaune pâle pour un spectacle scolaire qui avait fait ricaner les autres élèves. Les privilèges offraient leurs revers. À 6 ans, je rêvais moi aussi d'une robe du soir grandiose : un jour le carton révéla le gonflant d'un tissu dévoré de petites flammes turquoise et orange – ma « robe housse du soir », très sage.

La magie vagabonde de la Maison Grès se faufilait jusque dans ma chambre au travers d'un petit carton, boîte à trésors alimentée par ma grand-mère en trouvailles rapportées de la rue de la Paix : je manipulais, reniflais et étalais par terre les rames d'échantillons de tissus, les chutes d'imprimés – soieries chamarrées de Bianchini-Férier, taffetas changeants, cuirs cirés de Pennel & Flipo. Je connaissais le nom de tous les fabricants. Les crêpes de soie fluides comme l'eau, le chatoiement des broderies à sequins que je prenais pour des pierres précieuses, ou une antique plume d'autruche grisée par le temps : couleurs, matières, tout chantonnait la symphonie d'un monde au parfum de poussière exquise, celui de la Haute Couture.

Avant d'être « haute », la couture avait été « grande » : si ma grand-mère était entrée en Grande Couture dans les années 1920, c'était grâce à son amour de l'art. Sa vocation frustrée de sculpteur l'avait conduite dans ses jeunes années à hanter les grands musées de la capitale, le crayon à la main. Elle était alors une jeune Parisienne qui prenait des cours de dessin et se faisait l'œil, des toiles classiques du Louvre aux costumes régionaux du Musée d'arts et traditions populaires. Sur les pages d'un grand cahier de croquis qu'elle a relié elle-même ont survécu les détails d'emmanchures de kimonos et le pastel éclatant de motifs ottomans. L'art fut un compagnon indéfectible de sa vie, presque le seul. Une fortune conquise tôt à force de travail lui avait fait acquérir au long des décennies une quantité d'œuvres qu'elle choisissait d'un œil redoutable, accordé à son goût. Aucune de ses maisons secondaires n'était négligée puisque Madame Grès fréquentait les antiquaires des environs, qui se mettaient en quatre lorsqu'ils la voyaient arriver : la réputation de son turban la précédait dans le petit monde du commerce d'antiquités. Certains week-ends le couturier s'offrait de petites escapades aux puces de Saint-Ouen, vêtue d'un imperméable beige passe-partout ; ses trouvailles repérées, elle se muait en impitoyable négociatrice et faisait plier les commerçants : elle réglait en espèces. C'était son habitude de toujours transporter dans un improbable sac à main (accessoire dénué d'importance) une enveloppe kraft pleine de billets en liasses – de 500 francs évidemment. Il fut un temps où les marchands n'étaient pas regardants sur la provenance de leurs articles et pratiquaient le recel. S'étant fait cambrioler rue de Franqueville, Madame Grès s'était dirigée tout droit aux puces le dimanche suivant à la recherche de ses objets… qu'elle retrouva effectivement en vente sur un stand et racheta aussitôt ! Elle n'achetait pas en collectionneuse, son goût du détail s'attardait à la totalité du décor. Ses préférences allaient vers le style Haute époque et ses bois sombres, qui marquaient la solennité. Les dorures n'avaient guère sa faveur, leur clinquant heurtait sa rigueur : le XVIIIe, l'Empire n'entraient pas dans son salon. Par-dessus tout, l'inclination de Madame Grès pour l'ornement religieux et son élan mystique faisaient écho à sa nature profonde, un sens du sacré qui infusait certaines de ses créations. Son intérieur tenait plus d'un évêque que de la Pompadour : à Saint-Paul, une paire d'anges en révérence l'attendaient, plus grands que nature, plus que splendides en leurs drapés de bois clair, qu'elle caressait amoureusement.

À la fin des années 1970, nous habitions un appartement occupant l'étage entier d'un immeuble d'angle. Accueilli par la femme de chambre, le visiteur devait patienter quelques instants dans une entrée laquée de noir, qu'un mur miroir agrandissait encore ; face à lui, saisissante, la présence d'un triptyque flamand de l'Annonciation détachait son incandescence du noir environnant. La Vierge Renaissance aux yeux baissés exprimait une autre attente, intérieure. Son austérité pleine de grâce et ses dimensions étaient propres à une chapelle d'église. Il était difficile au nouveau venu d'en détacher les yeux, incité malgré lui à un moment de méditation sur la vanité du monde. Chez Madame Grès, une forme d'accueil tacite avertissait que la frivolité n'était pas de mise.

À dessein, ce spectacle de splendeur religieuse semblait voué à clouer sur place les arrogants et à faire valoir, peut-être, la puissance de sa propriétaire. L'exception remarquable d'une telle œuvre dans un environnement domestique éclairait sur la singularité de sa propriétaire. Lorsque le couturier rentrait chez elle le soir, ces images la ramenaient à l'essence contemplative et son silence : ils lui étaient indispensables. L'art régnait aussi en maître dans la salle à manger, les fourchettes se maniant en silence devant un magistral buffet hollandais bicolore. Ses contemporaines, deux dames respectables à col de « fraise » amidonné, semblaient prêtes à sortir de leur cadre : avec leur béguin blanc, leur corsage noir boutonné haut et leur sévérité magnifique, ces images féminines me paraissaient trancher de curieuse façon avec les femmes qu'habillait ma grand-mère. Elles lui ressemblaient pourtant, à la fois jeunes et vieilles, le regard doux et déterminé.

Une pièce de transition gardait en permanence une lumière tamisée de salle au trésor, serrant ses raretés à l'écart des regards : deux cabinets sombres à tiroirs secrets ouvraient leurs vantaux sur un kaléidoscope de scènes délicates. Dans l'un, de petits paysages azurés invitaient à la rêverie, dans l'autre miroitait à l'abri une myriade de nacres en marqueterie. Mais la pièce maîtresse dont parlèrent des journalistes sans jamais l'avoir aperçue, c'était un portrait de femme issu de l'atelier de

Léonard de Vinci. Le fameux sourire était là, reconnaissable même pour moi : j'avais reçu de ma grand-mère un livre sur le maître italien. Elle scrutait plusieurs fois par semaine l'état de ces joyaux après chaque passage de plumeau, leur prêtant autant d'attention qu'à des amis fidèles. Il aura fallu plus d'une décennie pour constater l'évidence : mon enfance s'était déroulée au milieu d'un mobilier dont je rencontrais avec surprise les cousins dans les salles de musées. Dans un lumineux salon « moderne » agencé par un décorateur de la famille Rohan-Chabot prenait place un extravagant salon Art déco entièrement marqueté de corne – interdiction de s'y asseoir. Sa fantaisie était refroidie par un portrait « moderne » où le pinceau de Van Dongen mâtinait le bleu marine de gris ardoise. Le modèle n'était autre que ma grand-mère, que je ne reconnaissais absolument pas : hautaine et le regard étréci, l'artiste lui avait laissé une expression contrariée peu flatteuse. Dans sa période mondaine, il avait exécuté pléthore de portraits de personnalités en vue, Madame Grès lui avait donc commandé après-guerre un genre de « portrait officiel », à l'instar d'autres couturiers. Le peintre, amateur de féminité sensuelle, n'était visiblement pas parvenu à amadouer la créatrice, plus raide que jamais. À l'époque, son entourage n'avait pas caché sa déception en découvrant le résultat des séances de pose. Van Dongen avait dit à ce propos à un journaliste : « Il est très difficile de faire le portrait d'un couturier : la famille est mécontente du visage et “la dame” trouve que la robe n'a pas de chic… » Trente ans plus tard, elle ne marquait aucune satisfaction à sa vue, y semblant même indifférente ; la signature impressionnait bien davantage ceux qui le regardaient à la dérobée. Au moment des collections Haute Couture, ce décor était envahi en apothéose d'une profusion de bouquets. Madame Grès en recevait des dizaines en hommage d'admiration, les livreurs faisant tinter la sonnette plusieurs fois dans la journée ; des confrères, des artistes, lui témoignaient souvent leur émotion. Les vases manquaient et les salons embaumaient d'une odeur entêtante.

De ces splendeurs rassemblées grâce à une vie de travail, de bien d'autres encore, il ne reste rien aujourd'hui. Monnayées et dispersées par sa fille… Jusqu'à sa bibliothèque, ses archives et le portrait de Van Dongen.

Chaque matin de bonne heure, sauf le dimanche, un trio fidèle arrivait par la porte de service de l'appartement : chauffeur, cuisinière et femme de chambre descendue de l'étage des « chambres de bonne », un aréopage sans lequel la maisonnée n'aurait pu fonctionner (la gouvernante logeait à demeure). Madame Grès faisait appel à la même agence de placement depuis quarante ans, spécialisée dans le personnel de maison. Sa directrice gardait de cuisants souvenirs du « défilé » des gouvernantes de ma mère et des exigences du couturier. D'une nature inquiète que consolait souvent ma grand-mère, notre brave cuisinière Tina resterait plus de vingt ans à son service, se lamentant de la frugalité de sa patronne, qui refusait toute recette un peu élaborée et contrôlait chaque semaine son cahier de dépenses. La viande de première qualité achetée à Passy n'aurait osé « être dure comme de la semelle de botte », expression prisée de ma grand-mère. Les tranches de baguette grillées ne devaient pas excéder quelques millimètres d'épaisseur. Aux repas, une sonnette appelait la cuisine entre chaque plat. J'aimais m'y faufiler, attirée par l'animation des bavardages en espagnol et les bruits de casseroles. S'y trouvait aussi Julio, le chauffeur qui accompagnerait pendant près de trente ans Madame Grès dans tous ses déplacements. La traditionnelle casquette de sa fonction et les boutons dorés de sa livrée avaient été abandonnés après Mai 68. La suivant comme son ombre, il fut un personnage mineur mais central de son univers, qui a pu tout observer des événements de la vie du couturier durant trois décennies : ses relations avec sa fille, ses fréquentations, ses victoires et ses désillusions, les couloirs de ruche de la Maison Grès. Julio était entré à son service bien avant ma naissance et, du mariage de mes parents à des maisons secondaires mystérieuses, en savait bien plus au sujet de ma grand-mère que moi-même. Il m'emmenait à la plage l'été, Madame Grès ne se livrant pas à des distractions si communes. Leur compagnonnage ressemblait à celui d'un vieux couple, avec ses heurts et ses réconciliations, ainsi lorsqu'il faisait valoir ses droits syndicaux face aux exigences de « Madame »… En prévision de sa retraite, le couturier lui acheta un vignoble dans sa région natale. Il ne trahirait jamais le serment de discrétion qui les liait.

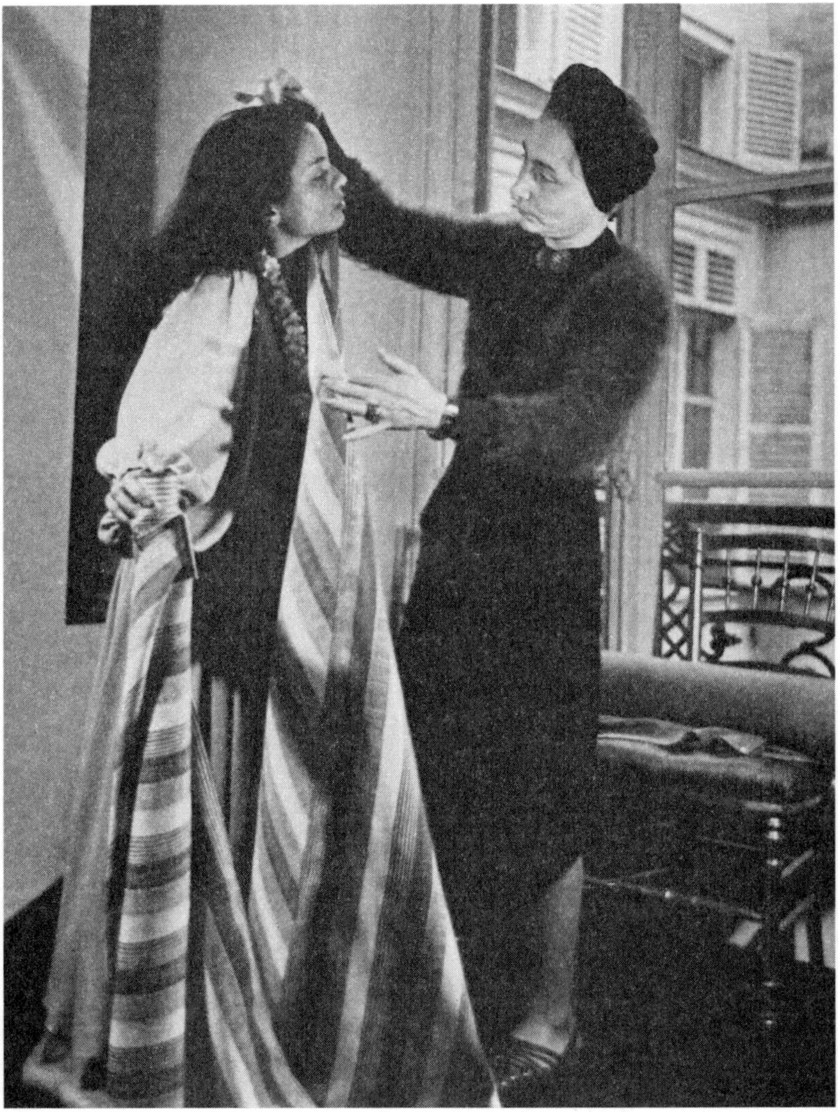

Essayage avec le mannequin Muni,
muse et protégée du grand couturier (1943).

Chapitre 3

C'était au 1, rue de la Paix…

« La rue de la Paix » : ma grand-mère désignait ainsi sa « Maison », esquissant malgré elle que son statut de sommité de l'élégance atteignait la rue entière. La Maison Grès représentait l'immeuble-cube central d'un jeu de construction enfantin où l'Opéra et la place Vendôme s'étaient disposés en blocs annexes ; mieux qu'une perspective d'arrière-plan, ces emblèmes du Paris éternel symbolisaient un plateau à sa mesure. Pour son domicile, pour sa Maison de Couture, les prédilections du couturier allaient aux bâtiments d'angle, fondés en réceptacles privilégiés de lumière. À l'imitation des peintres, elle ne jurait que par la loyauté de l'éclairage naturel, auxiliaire amené à la seconder comme révélateur de coloris et témoin des jeux mouvants du tissu. J'avais découvert qu'aux débuts de sa renommée, elle avait choisi pour la Maison Alix un immeuble similaire, à la croisée de la rue du Faubourg-Saint-Honoré et de l'avenue Matignon.

Sa coupole vitrée illuminant les salons immaculés impressionnait fort les journalistes de l'époque. Ouverte au seuil d'une artère phare connue des élégantes du monde entier pour son grand luxe, la Maison Grès occupait avec panache le numéro 1, ce qui fortuitement lui associait ses qualités. Si le premier est celui qui excelle en son domaine, le hasard de ce numéro matérialisait un fait admis, que ma grand-mère associait avec ferveur et sans ironie au prestige de la Haute Couture française, à la supériorité de ses ateliers… et à son nom de manière implicite.

Rapporté à ma taille, l'édifice se montrait gigantesque, dépliant ses six rangées de fenêtres sur deux rues à la fois et jusque sous les toits. Claquant au vent en drapeaux d'un vaisseau amiral, des stores blancs frappés d'un « G » ponctuaient ses étages. Après la guerre, la coursive exiguë flanquant les toitures en zinc servait faute de mieux aux prises de vue des mannequins, sur un air très « toits de Paris » ; une photo de Madame Grès, impériale sur fond de colonne Vendôme, y serait prise durant la visite d'un fourreur new-yorkais, fournisseur de sa Maison : le père de la photographe Diane Arbus. À l'entrée de l'immeuble et comme repeints de la veille, des battants laqués de vert foncé dévoilaient un porche pavé et sa cour sombre. Là où une loge de concierge remplaçait l'ancienne écurie, il ne manquait qu'un fiacre. Selon ma grand-mère, l'endroit avait appartenu à une congrégation religieuse – une semi-vérité qui avait l'heur de lui plaire. C'était de fait l'emplacement d'un ancien couvent. Dans mon enfance, l'enseigne argentée de l'orfèvre anglais Mappin & Webb ornait les devantures du rez-de-chaussée. Bijoux et argenterie qui rutilaient en vitrine avaient fourni au cinéaste Jules Dassin le prétexte d'un cambriolage de cinéma, tourné dans l'immeuble de la Maison Grès pour *Du rififi chez les hommes*, film noir sorti en 1955 avec Jean Servais et Robert Hossein. Une anecdote excitante qui n'impressionnait guère ma grand-mère.

Pour accéder au saint des saints de la Couture et passer l'écran d'une haute porte vitrée, il fallait d'abord monter trois marches ; la poignée de laiton laissait dans la paume une odeur métallique persistante. Là, le grand escalier de la Maison Grès élançait sa volée de marches comme s'il n'avait jamais voulu finir, grimpant à l'assaut des secrets du lieu. Qu'on le montât à pas comptés ou quatre à quatre, sa moquette éteignait la différence. Les clientes et le personnel des bureaux avaient droit à l'ascenseur, les journalistes venant aux présentations des collections allaient à pied. Une hauteur de plafond considérable faisait qu'atteignant le premier étage, le visiteur croyait en avoir gravi deux. De part et d'autre du palier, les doubles portes demeuraient en morte-saison fermées à l'œil inquisiteur, n'écartant leurs panneaux qu'aux mois où se jouait le grand spectacle des collections, deux fois l'an seulement. Le reste de l'année, ce théâtre tout de blanc cassé sommeillait dans l'attente des grands jours. Tout comme chez elle, le couturier effectuait de régulières tournées d'inspection dans ces salons, vitrine de son apparat mesuré. Les années 1970 soufflant partout leur vent de modernité, elle décida de grands travaux d'embellissement pour ces murs qui n'avaient pas vu un pot de peinture depuis l'après-guerre. Exit les sofas en tissu fatigués, le blanc ayant viré au gris sous les volutes des fumeurs et la poussière montée des trottoirs. À l'avenir, ce serait… du blanc cassé ; les divans gardèrent leur silhouette massive des années 1940 mais furent retapissés de Skaï, les murs et plafonds rafraîchis. À intervalles réguliers, des cendriers transparents furent disposés sur des sellettes de marbre clair. De discrètes gerbes de fougère pointaient hors des niches, égayant les murs d'une touche de vert tendre. Ce fut tout en matière de décoration. L'entreprise de peinture n'était autre que celle du mari de sa cuisinière dévouée, une manière pour le couturier, décideuse même en ces affaires pragmatiques, de leur montrer son soutien. La cour s'anima alors de bon matin, exceptionnellement sonore, de bavardages en espagnol : le peintre et ses ouvriers, le concierge et notre chauffeur prenaient un peu de bon temps.

« Rue de la Paix » aussi, l'ostentatoire était banni. Au sujet de « ses » salons, dont les portes à miroirs gardaient à jamais leur mémoire secrète, ma grand-mère restait cramponnée au blanc, un parti pris où prévalait la lumière, que le blanc décuplait. Seul ce monochrome vierge de superflu pouvait révéler pleinement l'entrée en scène des acteurs principaux : les modèles de Madame Grès. Cadre d'une suprême simplicité surtout, une vertu qu'elle tenait pour supérieure. Cet essentiel dont l'apparente innocuité œuvrait en force, elle le professait pour ses créations. Même l'œil exercé des journalistes de mode se faisait profane lorsqu'il se laissait abuser par la « simplicité » d'une robe : « La chose la plus difficile à accomplir », disait-elle benoîtement lors des interviews, minimisant afin de ne pas trop en dire une réussite née d'un véritable tour de force technique (ce concept, summum de raffinement, éclaire l'admiration qu'elle susciterait au Japon). Un autre motif se manifestait dans l'univers de son nom, du « grand salon » à la place Vendôme jusqu'à la rue de Rivoli : les arcades. Ailleurs encore et au fil des décennies, j'ai retrouvé ce clin d'œil architectural en ponctuation discrète des photos de ses modèles ; ma grand-mère en était-elle consciente ? Ce classique emprunté au décor colonial ou sacré traversait styles et époques jusqu'à souligner ses portraits des années 1970, où elle pose en figure vénérable de sa profession. Inhérent aux emblématiques salons de la Maison Grès, l'arc de cercle adoucissait à l'œil du photographe la verticalité de leurs fenêtres : transcendant l'image, sa courbe vient dessiner un orbe de lumière où la créatrice se tient en vivante icône de la Couture.

Ma grand-mère distribuait volontiers à la presse un cliché de son célèbre profil au turban réalisé à cette période par Cecil Beaton, une sommité de la photographie britannique qui était le portraitiste officiel de la cour royale d'Angleterre, médaillé par la reine Élisabeth II. Sir Cecil était précédé d'une réputation d'esthète excentrique porté sur l'imagerie théâtralisée. Quand Madame Grès fut avertie qu'il souhaitait effectuer son portrait, sa réaction fut mitigée de méfiance, comme de coutume. Elle aurait pu n'être que flattée, mais le sentiment que son image puisse lui échapper primait davantage. Ma grand-mère contrôlait avec la plus stricte attention les photos qui auraient circulé à son insu, détestant l'éventualité d'être surprise à son désavantage. Si l'âge venu amplifiait cette perspective, elle s'était cependant toujours appliquée à ne pas être montrée sous un angle qu'elle n'aurait pas choisi – un diktat ardu à tenir dans les années 1980, ère voyeuse où le couturier prenait part à de fréquentes manifestations officielles. Le jour où Cecil Beaton installa son matériel dans le grand salon, elle refusa d'abord d'y descendre, faisant attendre plus qu'il n'était permis le commandeur de l'ordre de l'Empire britannique : au jeu des puissances, sûre de sa suprématie, Madame Grès ne craignait personne. Elle fut en définitive satisfaite : un cliché saisissait la grâce de son profil découpé à contrejour ; sur l'autre elle s'accoudait, le menton sur sa paume et la pose un peu précieuse. Pour ce dernier, un zèle du gommage prononcé ferait effacer à Beaton tout signe d'âge d'un blanc ouaté qui mettait à mal l'expressivité de son visage. La ligne de ses traits, j'en étais consciente depuis l'enfance, était légendaire ; bribes de conversations entendues ici ou là et articles de presse faisaient souvent l'éloge de son nez parfait. Les femmes y mettaient une pointe d'envie, les mauvaises langues diraient plus tard qu'il n'était pas naturel – de fausses inventions. Le plus extravagant était que certaines clientes, ma grand-mère le racontait avec amusement, désiraient ouvertement se faire remodeler le leur à l'identique ! J'appris même que l'épouse de Justino, son ami brésilien, était passée à l'acte… Le Brésil était alors pionnier dans la mode des nez refaits. « Quel dommage, conclurait ma grand-mère, elle avait un si beau nez ! »

Pour la presse qui requérait une entrevue avec le couturier, l'unique endroit disposé à recevoir était le même grand salon. Aucun curieux n'aurait été admis ailleurs, et certainement pas à l'étage où travaillait la maîtresse des lieux ; Madame Grès avait besoin des journalistes mais jouait avec eux à un jeu de cache-cache. Dès l'aube de sa carrière, les éditorialistes de mode avaient relayé la naissance de son nom, vanté l'exception de ses créations et s'étaient pâmées, à court de vocabulaire : aucun désamour au fil des décennies. Néanmoins, elle s'était toujours efforcée de les maintenir à une distance stratégique de sa personne, entretenant un mystère de sphinx judicieusement opportun à sa légende. Seules ses créations étaient destinées à prendre la lumière, ce qui laissait le reste dans l'ombre. Du jeune couturier à la doyenne du métier, la teneur de ses interviews n'a guère varié ; d'une chroniqueuse oubliée des années 1930 à la tenace Edmonde Charles-Roux, Madame Grès reste semblable à elle-même, petite silhouette en jupe plissée assise au bord de sa chaise, aussi farouche qu'une écolière qui aimerait échapper à son examinateur – elle tempérera sa position par la suite, concédant même un entretien à Thierry Ardisson. Mais quelle que soit l'époque, l'interlocuteur qui se risque à débusquer quelque information personnelle ne lui extirpe aucune indiscrétion, aucun détail révélateur : « Je travaille », répond-elle. Ma grand-mère avait en réserve quelques éléments de langage qu'elle abandonnait du bout des lèvres, invariables et se résumant à : « Regardez mes robes, il n'y a rien d'autre à voir » ou « J'ai sacrifié ma vie à ce métier... » Les cloisons du salon blanc ne laissaient rien filtrer de plus que le parfum opaque des tissus.

Cependant, je notais sur son bureau la présence régulière d'une large enveloppe brune estampillée « Argus de la presse ». Elle était une fidèle abonnée de cet organisme qui lui expédiait systématiquement la totalité des articles évoquant son nom, soigneusement découpés ! Elle la décachetait elle-même et en faisait une lecture attentive, appréciant d'un trait parfois acerbe l'ignorance de leur auteur ou la banalité des commentaires, et se félicitant de l'éditorial de tel ou tel fidèle, ce qui leur garantirait par la suite une réponse favorable à toute demande d'interview. Les coupures étaient ensuite collées par sa secrétaire dans de grands cahiers prévus à cet effet, pieusement archivés. Tout cela alors même qu'un rappel à son agenda d'une entrevue avec un journaliste lui faisait lâcher un « La barbe ! ». Ou qu'elle affirmait : « Je ne m'intéresse pas à ce que l'on écrit sur moi. » En bien des choses, elle mêlait à des degrés divers innocence et duplicité. Dans mon enfance, les plumes affûtées de Janie Samet (*L'Aurore* et *Le Figaro*) et de Pierre-Yves Guillen (*Le Quotidien de Paris*) avaient sa faveur : Guillen, domicilié près de l'Opéra, venait aux défilés en voisin ; il créa surtout le Dé d'or, dont ma grand-mère fut la première récipiendaire et qui trônait sur sa table de nuit, niché dans l'écrin écarlate de la Maison Cartier.

Au deuxième siégeaient les bureaux de la Maison Grès : c'était l'étage des jeunes hommes d'affaires en costume, des secrétaires pimpantes, celui où l'on entendait des voix masculines discutant à voix haute, assises derrière un mobilier moderne. À travers la porte du palier cliquetait la mécanique des machines à écrire ; je n'y allais guère dans mon enfance. Plus haut, là où la modernité refaite de neuf était restée à la porte, je ne serais pas entrée seule. À la remorque de ma grand-mère qui me tenait par la main, c'est aux ateliers que m'emmenèrent mes premiers pas dans l'enceinte de la Maison ; ici sans doute qu'ils éprouvèrent un primitif, le seuil franchi : l'odeur prenante du tissu m'assaillant le nez. Le bruissement ténu des voix se suspendait à l'apparition de « Mademoiselle... » « Chez moi l'on travaille en silence », déclarait-elle au sujet de ses ateliers. C'étaient de petites pièces parce que remplies à craquer du sol au plafond : de rangées de tables en enfilade, de la cohorte d'ouvrières à leur tabouret, plongées sur l'ouvrage et le dos droit, d'étagères garnies courant autour des cloisons, de placards – fermés obligatoirement –, de mannequins Stockman semés çà et là en sentinelles, et de bien d'autres choses ; il fallait se faufiler tant bien que mal dans ces méandres pour gagner l'atelier suivant. Là, vivant fourmillement d'activité, battait le cœur de la Maison. L'œil guignant à hauteur de main de ces dames, je souhaitais fort que ma grand-mère veuille s'arrêter quelques instants et que je fasse plus qu'y passer. M'efforçant de traîner je récoltais les sourires ; il était cependant hors de question de les « distraire » de leur travail : « Ici l'on fait des choses très importantes », m'expliquait-elle.

Si par chance elle s'attardait à la demande d'une première d'atelier pour vérifier l'état d'exécution d'un modèle, mon regard se gorgeait en quelques minutes des richesses de cette caverne d'Ali Baba, un antre dérobé où se concoctaient de suprêmes mystères. Car ma grand-mère le soulignait, ce qui se réalisait entre ces murs l'était sous le sceau du secret, son personnel devant s'engager à ne jamais divulguer le procédé de ses fameux plis. Alignés en hauteur, les bustes fabriqués aux mesures des clientes me fascinaient, semblables à une file comique de morphologies au garde-à-vous attendant d'être appelés à la cérémonie de l'essayage. Élancées, ventrues, menues, difformes parfois, leurs proportions contrastées me plongeaient dans l'interrogation : auraient-elles toutes l'honneur de revêtir une robe ? J'appris un jour que l'épouse d'un banquier, bossue, bénéficiait de coussinets postiches gommant l'anomalie. Madame Grès déclarait en effet qu'en toute femme elle devait discerner la beauté – une conviction sans équivoque qui lui attachait ses clientes, assurées de l'allure conférée par ses robes. Les machines à coudre se faisaient aussi discrètes que possible parce que ma grand-mère les tolérait à peine. La gloire de sa Maison tenait à la main précieuse de ses ouvrières, qu'elle vantait en outil indépassable et dont elle tirait fierté. Certaines apprenties y débutaient à 15 ans et, ainsi qu'elle l'affirmait : « Lorsque l'on entre dans cette Maison, on ne la quitte pas… » Autre profession de foi : « Je déteste les machines et la mécanique, un jour elles remplaceront la main de l'homme. » Rien à ses yeux ne pouvait supplanter l'excellence du travail manuel. Elle déclarait régulièrement que la mécanisation industrielle tuerait l'excellence du savoir-faire artisanal, une sentence prémonitoire. Dans l'ordinaire du quotidien « les machines » la paralysaient, l'apogée de sa maîtrise se résumant au fonctionnement de sa petite radio pour écouter les informations. Plus extraordinaire, ma grand-mère conduisait dans sa jeunesse ! Par malheur tombée en panne place de l'Étoile, elle planta là sa voiture et se jura de ne plus jamais prendre le volant…

Mademoiselle était unie à ses ouvrières par un lien exceptionnel que mon jeune entendement ne pouvait saisir lors de ces passages aux ateliers, tant son attitude respirait la rigueur, voire la rigidité. Ce n'était pas alors qu'elle souriait, mais dans de discrets conciliabules avec ses premières, en tête à tête. J'en ai connu certaines qui travaillaient à ses côtés depuis la guerre, retrouvées ensuite sur des photos de la Maison Grès à la Libération. Ainsi de Margot, une fidèle amie de jeunesse qui lui avait prêté sa première machine à coudre, qu'elle prit comme habilleuse et même comme nurse de sa fille Anne. De ces temps difficiles faits d'épreuves partagées étaient nés des attachements mi-fraternels mi-filiaux, où le couturier avait joué le rôle de duègne bienveillante. Jeunes ouvrières, elles avaient vu Mademoiselle, une femme seule, lutter âprement pour la survie de sa Maison et par là même celle de leur salaire, alors qu'une large part des petites mains de la Couture se retrouvait sur le pavé – l'alternative pour se nourrir était souvent d'user sa main en usine. De ces années qui avaient soudé des fidélités inconditionnelles, le couturier n'oubliait jamais qu'elle aurait bien peu réalisé sans ses ouvrières. Cette solidarité allait au-delà : les soirées tardives à œuvrer pour terminer les modèles des collections, les frais d'hôpital ou d'enterrement offerts par ma grand-mère, et pour la fille d'une première, sa robe de mariée cousue dans les ateliers. Attentive, elle s'inquiétait de leur vie de famille, mais en roc insubmersible, elle ne révélait à personne le moindre tracas, que certaines devinaient pourtant.

Sa sollicitude, ses élans d'affection parfois, ne s'arrêtaient pas aux ateliers. Rappelons que le couturier régentait (presque) tout en chef d'entreprise, que c'était à elle que ses employés devraient répondre un jour donné : elle les connaissait donc. Croisant d'aventure un visage inconnu, elle l'arrêtait pour s'enquérir de son nom et de son poste. Madame Grès n'était enfermée dans sa tour d'ivoire qu'à l'endroit de ceux qu'elle ne souhaitait pas voir. Au nombre de ce personnel il y avait les anciennes de la Maison et les petits nouveaux. Je l'ai accompagnée lors de visites à « la manutention », un vaste local dévolu aux fournitures exhalant une chaleur sèche ; les rayonnages à claies engrangeaient les longs rouleaux de tissu comme autant de crayons multicolores – ici évidemment leur odeur frisait son maximum. Derrière le comptoir où elle posait ses trésors se tenait Micheline, une robuste femme en blouse qui me semblait veiller jalousement sur sa marchandise. Manches retroussées, ses bras de fermière et son genre rustique faisaient tache, selon moi, avec le standing de la Maison de Couture – c'est pour cela, pensais-je, qu'elle ne se montre jamais dans les étages… À ma grande surprise, ma grand-mère s'enquérait avec jovialité de sa santé et des nouvelles du jour comme on le ferait au marché du village ! Et Micheline lui répondait avec la même familiarité, roulant fort les « r » d'un accent bourguignon hautement exotique : à l'évidence elles se connaissaient d'un temps bien éloigné du mien. Nous grimpions parfois jusqu'à la soupente où s'affairait une dame minuscule, plus âgée et plus petite que ma grand-mère – si c'était possible : Mme Germaine la modiste, parmi ses formes à chapeau en bois ; le couturier lui montrait la gentillesse que l'on réserve au grand âge. Sortie des tréfonds historiques de la Maison, cette miniature vêtue de noir, un lacet de velours coiffant son petit chignon, avait sous ses lunettes à la Harold Lloyd des mines de chouette inquiète : même sa patronne paraissait la déranger dans ses activités pressantes.

Le cas symbolique du mannequin Christiane Férat illustrait chez Madame Grès un certain sens de l'engagement. Entrée dans la Maison au sortir de la guerre, cette blonde élancée aux intonations de titi parisien y demeurerait plus de quarante ans. Ses longues jambes balançaient à merveille l'ampleur d'une jupe et sa beauté à fort caractère renouvelait le type de femme prisé par la créatrice, détrônant Muni. Je ne l'ai connue qu'affligée d'une paralysie faciale lui imprimant une grimace permanente que ma grand-mère attribuait à un courant d'air. Sachant qu'elle les redoutait, je jugeais son affirmation fantaisiste ; elle était véridique : jeune mannequin en route pour Deauville avec son fiancé, Christiane s'était exposée nonchalamment au vent par la vitre ouverte. Interdite de photos et de défilés, elle aurait pu tomber à jamais en disgrâce. Madame Grès en fit son « mannequin cabine ». Impitoyable avec « les paresseux » (terme honni) et les plaintifs, ma grand-mère montrait une réelle solidarité, féminine le plus souvent, avec les « vrais travailleurs » et les courageux. Je revois Christiane, à peine vêtue sous sa blouse blanche, entrer dans le studio où travaillait Mademoiselle, faisant pivoter sa superbe silhouette sur de hauts talons. Elle avait près de 55 ans. Sa ligne parfaite et son allure stupéfiaient les mannequins de 20 ans.

Dans les années 1970-1980, ma grand-mère se prit plusieurs fois d'engouement pour de jeunes recrues qui amenaient un supplément de vie, une spontanéité joyeuse la distrayant de ses préoccupations du moment, nées de dissensions professionnelles ou privées avec sa fille. Par-dessus tout, la doyenne à la réputation compassée aimait foncièrement la jeunesse et sa nouveauté, objets de ses encouragements : avec eux, elle souriait. Pendant les « tournées » de ses collections au Brésil, à New York, Madame Grès veillait sur la vertu de ses jeunes mannequins, promptes à s'égayer en galante compagnie pendant leur temps libre : elle les faisait remonter dans leur chambre. Elle en prit certaines sous son aile : Betty, une jeune Cannoise mutine, devint sa protégée ; après l'avoir fait défiler une bonne dizaine d'années, le couturier la nomma directrice des salons. Mais aux coulisses de la Maison Grès, en apparence feutrées, se livraient des luttes intestines. Madame Grès faisait alors mine d'ignorer ces querelles de basse-cour. Les vendeuses « mondaines », dames bien nées au carnet d'adresses bien rempli (leur vivier de clientes) virent arriver d'un mauvais œil la petite nouvelle sur leur territoire. Jalousée, Betty fut victime d'une cabale calomnieuse l'accusant de vol. Ma grand-mère la congédia avec pertes et fracas. La croisant un an plus tard, elle se confondrait en excuses. Il y eut aussi Devi, une exilée cambodgienne à la beauté de statue khmère, Tharita, une jeune Carioca volcanique à qui elle apprit le métier, et Jill, une rousse ingénue qu'elle chargea de sa boutique place Vendôme.

Un autre exemple, plus tardif, fut celui d'un jeune cadre des Parfums Grès, M. Auzière. L'annonce des visites de Madame Grès aux bureaux des Parfums, situés dans une rue voisine, déclenchait le branle-bas de combat : l'autorité suprême de la Maison était susceptible de surprendre quelque blague potache, par exemple des canetons cachés dans un bureau, et l'on faisait disparaître fissa les mégots traînant dans la cour. Le personnel y était quelque plus remuant que celui de la Couture. Si les tentatives désespérées du jeune commercial pour moderniser l'image des Parfums se heurtaient au conservatisme de ma grand-mère, sa bonne humeur rafraîchissante et sa foi en l'avenir, son charme l'avaient vite conquise. À l'occasion d'un grave conflit avec la direction générale (en la personne de son gendre), elle délégua les pleins pouvoirs à M. Auzière, marquant ainsi l'exception de sa confiance : céder le pouvoir lui était ô combien étranger... Elle l'emmena en escapade professionnelle à New York à bord du

Concorde, savoura à ses côtés un séjour au Japon. Il fut l'artisan de l'ouverture de la propre usine de parfumerie du couturier, qu'elle vint inaugurer à ses côtés près d'Angers. Un jour des années 1980 la créatrice vint lui confier sa détresse, murmurant que la Maison de Couture, désormais, manquait d'argent. Loyal et fidèle parmi les fidèles, ce fut lui qui négocia la cession des Parfums Grès, les acheteurs étant disposés à verser autant de millions qu'il le faudrait à Madame Grès pour continuer son œuvre : son nom jouissait d'une immense considération dans la profession. Sur le contrat, marque de prévenance d'une époque révolue, l'âge de ma grand-mère fut masqué… Comme d'autres, l'ancien directeur raconterait, ému, qu'il avait vécu à la Maison Grès les plus belles années de sa carrière.

Au dernier étage de l'immeuble, plus haut même que la colonne Vendôme mais bas de plafond, derrière une porte sans moulures, se trouvait le studio personnel de Mademoiselle. Elle s'y envolait chaque matin de bonne heure d'un coup d'ascenseur, bien avant que des mouvements de portes ne se fassent entendre aux étages inférieurs. Jamais je n'ai vu ma grand-mère malade, lorsqu'elle était fatiguée elle s'asseyait ; sa volonté était de fer, à l'image de sa santé. Ce lieu de travail en vis-à-vis des toits voisins était le sien depuis la guerre. L'aménagement y était des plus sommaires, sans fantaisie de décoration. Aucune table de ministre, mais un bureau étroit près d'une fenêtre et des rayonnages identiques à ceux de la « manutention », où s'amoncelaient au gré des saisons cylindres de tissu et rames d'échantillonnages. De banals placards s'appuyaient au mur, une table qu'elle déplaçait parfois accompagnaient tout un fatras de dossiers, de cahiers, d'enveloppes kraft remplis de ce qui faisait son quotidien de couturier. Au fond, une porte dérobait aux regards un réduit pourvu d'un cabinet de toilette ; c'était ici, m'avait raconté ma grand-mère, qu'elle avait sous l'Occupation teint en blond les cheveux d'un jeune homme en fuite, pour lui éviter d'être reconnu des Allemands qui le recherchaient. Je l'imaginais dans le secret de la soupente fermée à double tour, appliquer fébrilement la teinture sur la tête d'un mystérieux fugitif, puis lui rincer cahin-caha les cheveux au lavabo des cabinets. Pendant la guerre, le salon de coiffure jouxtant l'immeuble côté rue des Capucines abritait un réseau d'exfiltration, alors même que le quartier regorgeait d'administrations allemandes.

L'on n'entrait pas comme cela dans l'environnement particulier du couturier : n'était admis à l'étage qu'un personnel approchant la confidentialité de sa création – premières, représentants, mannequins. Sa secrétaire, une dame irréprochable aux souplesses de roseau – une sainte –, filtrait au compte-gouttes les solliciteurs qui patientaient à la porte en collégiens, dans un espace restreint et sans siège, avant d'être annoncés, frapper et attendre que Mademoiselle réponde « entrez » : l'on venait à Madame Grès et non l'inverse. Quel que soit le fabricant prestigieux dont ils venaient présenter les nouveautés, les représentants en tissus étaient tous reçus à la même enseigne. Invités à s'asseoir sur une chaise de petit gabarit face au couturier, les messieurs ne savaient où caser leurs jambes sous le bureau puisque les éléments du mobilier étaient sans exception à la mesure de Mademoiselle. Leur mallette posée à même la moquette, ils sortaient à gestes comptés leur éventaire et pointaient discrètement son exception. Ma grand-mère se saisissait des séries prototypes, agrafées en dégradés crantés au bandeau de leur maison mère : Guigou, Racine, Ducharne, etc. D'un glissement de doigt elle appréciait la matière, la froissait sur quelques centimètres et jaugeait son envers, soulevait les transparences imprimées aussi légères que des voiles. Aux taffetas cassants dont elle était friande, elle faisait chuchoter un zézaiement soyeux. Prune, lie-de-vin, gris d'orage, coquelicot, l'éventail des crêpes ondoyait en coulées fluides. Dans l'épaisseur duveteuse des mohairs, une presque fourrure, elle ferait aussi tailler ses propres manteaux d'hiver, « légers comme la plume » sur ses épaules. Ma grand-mère gardait par-devers elle quelques rames suspendues aux étagères par leur cordon, dont elle cornerait tel et tel échantillon d'une épingle pour les futurs mariages de couleurs de ses commandes : lequel aurait la faveur de rejoindre Micheline, d'être couché sur la table d'un atelier, mesuré et entamé par le ciseau ? De gagner le cahier de Madame Grès en regard d'un croquis ?

Les préparatifs des collections amenaient l'affluence saisonnière de l'étage inférieur jusqu'à son studio. Sa porte devait demeurer rigoureusement close afin que nul ne surprenne la semi-nudité des jeunes femmes en plein essayage : si ce n'était fait aussitôt, ma grand-mère l'ordonnait d'un ton de fermeté énervée ; implacable quant à l'impératif de pudeur, elle redoutait autant l'indiscrétion qui arracherait un détail fondateur au processus à l'œuvre. Madame Grès avait une crainte maniaque de la copie. En cours d'année, seule Christiane montait à elle pour les séances préliminaires d'ajustement et d'ébauches, qui me semblaient ne jamais vouloir finir. Mon impatience se refusait à saisir que la notion de temps touchait ici au sacrilège. Sa concentration muette et l'immobilité de Christiane le bras levé, sa patience enjouée, jouaient un ballet de lenteur appliquée dont l'essence m'échappait. En troisième participante, la première écoutait les observations de Mademoiselle, tirait son mètre ruban pour confirmer qu'un ou deux millimètres faussaient un détail, et y remédiait. La providence avait doté ma grand-mère d'« un compas dans l'œil » et d'une propension navrante (pour moi) à déceler autour d'elle d'infimes approximations de mesures.

La date fatidique des présentations mûrissant à vitesse accélérée, les premières d'atelier, modèle au bras et un mannequin à leur suite, se présentaient à intervalle rapproché à Mademoiselle. La qualité requise d'une employée, outre le travail, était de se montrer « modeste » et de ne pas lui tenir tête, sans quoi elle était étiquetée « dure » ou insolente : ces tensions de caractère en vase clos s'estompaient au fil du temps, supplantées par la conscience professionnelle et l'amour inconditionnel que chacune portait à la perfection des modèles. Il fallait quelque temps d'adaptation aux nouvelles mannequins, que ma grand-mère désignait dans la conversation par l'appellation de « jeunes personnes » : « Faites entrer cette jeune personne dont je ne me rappelle plus le nom… », disait-elle l'air neutre et sec. Les jeunes femmes ayant passé avec succès leur récent examen d'entrée comprenaient alors que le plus ardu n'était pas derrière elles. Indulgente avec ses recrues émérites de l'an passé, le couturier guettait chez les novices le petit faux pas de manières qu'elle ferait immédiatement rentrer dans le rang : le sourire devait être muet et l'on ne chuchotait pas avec sa collègue en sa présence – « Ici, personne n'a le temps de bavarder ! » Elle prenait par la main les timides, qui recueillaient immanquablement sa préférence et qu'elle appelait « mon enfant », les interrogeant sur leurs occupations : ma redoutable grand-mère trouvait chez les inexpérimentées une malléabilité, une tendreté même, qu'elle modelait avec bienveillance et autorité. Néanmoins, jusqu'à l'intimité de l'essayage, le laisser-aller aurait contrarié l'image de sa Maison : « Tenez-vous droite ! » était intimé à celle qui s'affaissait lors d'une interminable station debout nécessitée par de minutieuses finitions.

Toute nouvelle venue était avertie qu'elle devrait s'adresser à Madame Grès en usant de « Mademoiselle », une singularité qui accentuait l'aura énigmatique de la doyenne au turban – d'autant que les mannequins croisaient sa fille au hasard des paliers et que le couturier portait une alliance. Existait-il dans l'esprit de certaines et de moi-même, le germe d'un questionnement ? Au sein de ce dernier étage, j'entendais sa secrétaire Danielle, les représentants, l'appeler « Madame », et les premières Christine, Jeanine, l'imperturbable Christiane observer la règle du « Mademoiselle », inexplicable va-et-vient. La stature de son personnage se jouait aussi depuis des décennies à travers cette subtilité langagière dont le dédoublement ne semblait troubler personne. Au-delà de la demoiselle qu'elle n'était plus depuis les années 1930 et de son âge vénérable, de sa position d'autorité qui auraient justifié le « Madame », ma grand-mère s'était à jamais statufiée en visage inaltérable, se jurant à elle-même de masquer les variations de sa vie privée. Son abnégation farouche lui ordonnait de demeurer pour ses employées de la Couture une catégorie à part au sein de la Maison, un socle de permanence sur lequel elles pouvaient compter, et ceci jusqu'à la dernière extrémité.

Il arrivait que le couturier emploie des proches à son service exclusif, leur déléguant des tâches prosaïques mineures. Elle engagea volontiers une lycéenne de mes amies le temps d'un été, que ses commandements pétrifiaient. L'étage intrigué vit dans les années 1980 surgir en factotum un petit homme aux cheveux corbeau calamistrés, à l'allure et aux manières outrées : Henri n'était autre que le neveu de Muni ; lui donner un âge était impossible, ses effets de manches jonglaient dans des costumes trop grands, sa lavallière à pois voyante avec pochette assortie en faisait un artiste de bazar. Obséquieux à l'extrême et le débit haché, il déployait de son verbiage affairé une agitation qui se voulait d'importance. Ma grand-mère feignait de ne pas remarquer ses façons étranges : ayant côtoyé nombre de personnages extravagants, elle riait aux larmes, en aparté, des excentricités d'Henri. Il vivait à Garches avec sa tante – et à ses crochets, dans une maison achetée à Muni par le couturier vers 1950. Paresseux impénitent, Henri se rêvait cinéaste en se berçant d'illusoires projets cinématographiques : aux interlocuteurs patients, il sortait vivement de sa serviette le dernier scénario de son cru, alambiqué. Sa promotion, qui le faisait accéder au studio de Madame Grès, insigne preuve de confiance, lui donnait aussi le loisir de circuler au fil de la Maison, suscitant l'agacement sur son passage ; ma grand-mère le poussait dehors manu militari lors des essayages. Le salaire qu'elle lui octroyait portait un autre nom : la charité, hélas naïve... Non seulement elle découvrit qu'Henri lui dérobait de l'argent conservé sous enveloppe, selon son habitude, délit contenu aux portes de la Maison ; mais à l'extérieur, il se targua d'être le directeur de la Maison Grès, en vue d'épouser l'héritière d'un romancier russe ! Henri serait condamné un jour pour escroquerie. Mue par le besoin récurrent d'accorder sa confiance à quelqu'un en dépit (ou à cause) de la solitude qu'elle s'assignait, ma grand-mère fut plus d'une fois la victime crédule de beaux parleurs, experts à entonner le discours musical de la flatterie... des hommes pour la plupart : l'argent s'y mêlait toujours.

Jean Cocteau, ami et soutien de Madame Grès
pendant l'Occupation (1944).

Chapitre 4

Mythes et fantaisies

À l'égal de son personnel et même davantage, Madame Grès passait plus de temps dans l'enceinte du 1, rue de la Paix qu'à son propre domicile : au gré de ses conversations, « la Maison » ne désignait pas son adresse personnelle mais l'entité qu'elle avait fondée ; ma grand-mère était l'âme de ce foyer symbolique depuis quarante ans. Les alentours connaissaient mieux ses allées et venues que notre voisinage de la Muette. C'est à pied qu'elle se déplaçait sur les trottoirs du quartier, leur largeur dallée de granit permettant de circuler sans risque de se frôler. Le couturier goûtait peu la promiscuité qui lui aurait fait croiser une connaissance – qu'elle n'identifiait jamais sans lunettes : le quiproquo était fréquent. « Mais qui était-ce ? » me disait-elle, souriant en retour à quelque salutation et riant sous cape.

Connue des commerçants, Madame Grès était une personnalité du quartier : une évidence puisqu'elle sévissait aux environs depuis les années 1940. L'envie d'une tranche de jambon à l'os la faisait descendre chez le charcutier voisin. Aux enseignes plus réputées, j'observais cette manière immuable avec laquelle les vendeurs venaient à sa rencontre, où l'empressement parfois se mêlait d'appréhension. Elle appartenait au type de cliente « exigeante ». Nul doute que sa description circulait dans le secteur, le turban rendait la chose facile. Sa petite personne – une dame d'un certain âge en imperméable – dégageait une autorité naturelle difficile à croire pour ceux qui ne l'auraient vue à l'œuvre. Les gaillards la dépassant de deux têtes se muaient en garçonnets, la suivant à deux pas tandis qu'elle arpentait le magasin. De sa politesse ferme sourdait une hauteur propre à soumettre le marchand, qu'elle voyait comme un fournisseur. Le ton évoquait la mise en garde : si Madame Grès n'était pas reçue avec l'accueil qu'obligeait son rang, elle envoyait l'employé peu au fait des codes quérir aussitôt son supérieur, voire le directeur... lequel s'occuperait en personne de ses desiderata. On osait lui tenir tête ? « Vous ne savez pas qui je suis ! » assénait-elle, écrasante. J'étais fascinée. Jamais elle ne haussait la voix... Une fois apprivoisée, sa bonhomie se révélait. Sa réputation de cliente impitoyable mais généreuse à la dépense invitait à la satisfaire et gagner ainsi l'honneur de la compter parmi sa clientèle. Dans les années 2000, l'orfèvre Puiforcat souhaiterait insérer son image à une plaquette retraçant l'histoire de l'entreprise. Peut-être ses usages résultaient-ils du temps où, jeune couturier femme, elle avait dû « durcir » son abord pour être considérée ; néanmoins, ces extravagances me faisaient jubiler.

Chez Repetto, les mesures du pied de Madame Grès dormaient non loin de celles des danseurs, l'Opéra étant à quelques pas. Les vitrines n'offraient splendides tutus vaporeux et paires de pointes qu'aux habitués issus des rangs du ballet. L'attraction exercée par cet univers et ses amitiés expliquaient le choix de Repetto, où seules de rares initiées faisaient réaliser leurs souliers sur mesure. Gainées de cuir ou de taffetas, ma grand-mère commandait ses ballerines à bout carré « qui ne déforment pas le pied », aussi confortables que des chaussons : un talon de sept centimètres faisait son ordinaire, le plat étant réservé aux vacances. Les exigences de beauté liées à ce sujet étaient sans appel : une cheville devait être fine et le pied étroit ; par chance, la nature l'avait dotée des deux.

Ses pas nous faisaient régulièrement traverser la place Vendôme pour gagner son lieu de déjeuner rue de Castiglione, l'hôtel Lotti. Vers 1975, si voitures et piétons y circulaient sans restriction, ma grand-mère usait de précautions insolites, contournant à pas mesurés les trottoirs dont le bitume granuleux risquait d'user ses semelles. Nés des pénuries de l'Occupation, ses réflexes d'économie incitaient à tirer leçon de la fugacité du lendemain. (Que dire du touchant de ces préoccupations d'épicière au regard de l'étendue de sa fortune d'alors ?) Cela marquait, où qu'elle aille, une attention constante du moment. Son coup d'œil lui inspirait des commentaires amusés sur l'allure d'une passante et le vêtement qui ne lui allait pas, notant malgré elle les centimètres manquants à sa jupe : de belles jambes n'excusaient pas tout, un mollet médiocre devait rester discret. Un accoutrement mal inspiré était jugé « roulant », adjectif de son cru. Jamais blasée, elle commentait la beauté des édifices et des perspectives pour me faire lever le nez. Simpliste peut-être, son univers esthétique se divisait en deux : le beau et le laid, ses critères glissant inévitablement vers l'acception morale au sujet du « laid ». Tout objet anodin offensant son œil serait banni tôt ou tard. « J'ai besoin d'être environnée de beauté », déclarait-elle à la presse, exposant sa recherche obsessionnelle de perfection et son esprit du détail. Qui lui aurait disputé son acception du beau tant elle lui inspirait de créations étourdissantes ? Sa raison d'être résidait dans la quête jamais assouvie d'un idéal voué à être surpassé indéfiniment.

Au coin de la place Vendôme se tenait son fleuriste, Lachaume, fournisseur de somptueux bouquets qu'elle adressait à ses relations. Je croyais que ma grand-mère avait la prédilection des devantures en marbre noir rehaussé de lettres d'or – Lachaume, Repetto, Old England, Cartier – qui signaient en réalité des enseignes historiques d'exception. Les fleurs lui contaient l'enchantement d'une nature magicienne, à ses yeux l'artiste suprême peignant papillons, plumages et pétales de couleurs complémentaires ; leurs petites vies éphémères émouvaient ma grand-mère. Elle aimait autant gemmes et coquillages. Véritable rocher de museum, une agate géante du Brésil reposait dans sa chambre à Saint-Paul-de-Vence.

Entrer prendre le thé chez Ladurée dans les années 1970 relevait du pensum. La clientèle assise derrière les théières se composait de vieilles dames chapeautées confites en conciliabules – ambiance de presbytère où même ma grand-mère me semblait jeune. Le macaron était alors la douceur attitrée du troisième âge, sans risque pour les dentitions. À deux rues de la Maison Grès, le grand magasin des Trois Quartiers et son profilé Art déco incarnaient le temple de ses emplettes ordinaires ; il présentait un achalandage et une clientèle moins populaires – moins modernes que ses voisins du boulevard Haussmann. C'était surtout, comme le Bon Marché, le grand magasin de sa jeunesse. Des collants aux épingles à chignon, des boutons aux chaussons de nuit, Madame Grès trouvait tout aux Trois Quartiers. L'étage supérieur disposait d'un salon de thé où elle s'asseyait parfois, fréquenté lui aussi par des dames chenues qui, à ma surprise, gardaient toutes leur couvre-chef – usage selon moi sans rapport avec celui de ma grand-mère, qui pourtant faisait de même. Si d'un geste ces dames pouvaient ôter leur chapeau, elle seule déroulait artistiquement le jersey formant turban, bien supérieur à un vulgaire bonnet.

À travers les rayons où elle flânait en fureteuse, le couturier demeurait l'œil à l'affût des silhouettes. Comme en d'autres lieux anonymes, si elle repérait une jeune femme au port distingué et à la physionomie harmonieuse, elle n'hésitait pas à l'aborder. C'est ainsi que Madame Grès, impavide, se plaisait à recruter ses mannequins. Certaines la prenaient pour une mère maquerelle et déguerpissaient : c'était l'époque de « Madame Claude »... Là encore, ces façons singulières dénotaient son aplomb caractérisé, aux audaces toujours courtoisement formulées. Elle y accosta ainsi une jeune personne : aurait-elle déjà travaillé comme mannequin... Celle-ci, mâchonnant un chewing-gum : « Oui, j'ai défilé dans une ou deux boîtes... » Déjà horrifiée par le chewing-gum, son vocabulaire acheva de scandaliser ma grand-mère, le « commun » du mot « boîte » disqualifiant à jamais la créature : « Elle avait un genre insupportable. » Aux arcades des Tuileries, elle avait ses habitudes à la librairie Galignani, une institution du quartier. Ses rayonnages sous boiseries regorgeant de beaux ouvrages hétéroclites, de livres pour enfants, respiraient le silence d'un autre siècle. Ses achats portaient au dos la petite « touche » Galignani, vignette parcheminée d'un gentilhomme avec livrée rouge et lorgnon campé devant la vitrine, dessinée par Joë Bridge. Pour se distraire, elle parcourait les livres de souvenirs adressés par ses connaissances du Tout-Paris comme l'actrice Mary Marquet et le dandy José-Luis de Vilallonga, qui échouaient généralement dans sa maison de vacances. Le secret de sa bibliothèque abritait les volumes dédicacés de Paul Valéry, Jean Rostand et bien d'autres témoignages d'admiration.

L'hôtel Crillon, le Cercle Interallié, Maxim's, l'ambassade des États-Unis, le Ritz… Ces noms m'évoquaient le Paris nocturne de ma grand-mère, entre place Vendôme et Tuileries, les soirs où elle s'éclipsait dans un bruissement de taffetas sombre, discrètement maquillée. Je l'imaginais, emmenée par le chauffeur, à l'arrière de notre « grosse voiture » (son surnom pour sa Ford Taunus et sa Daimler), longeant la place de la Concorde illuminée et ses fontaines éternelles. Madame Grès était conviée à nombre de réceptions, de premières et d'inaugurations, qu'elle honorait lorsque sa renommée professionnelle, ses amitiés diplomatiques ou artistiques l'exigeaient. Elle conviait ses hôtes de marque ou ceux qu'elle souhaitait impressionner à des déjeuners à quelques adresses de haut prestige, parmi lesquelles l'hôtel Intercontinental, l'hôtel Meurice (où, en maîtresse femme, elle mit en demeure mon « fiancé » de m'épouser) et le Ritz. Chez Maxim's elle n'allait qu'en invitée. De Pierre Cardin, qui en était devenu propriétaire, elle disait : « Tout ce qu'il touche se transforme en or », aussi admirative qu'amusée, et charmée. Elle n'était pas loin d'envier son inventivité d'homme d'affaires sans complexes, marchandant son nom sur vaisselle et serviettes de bain, bien qu'elle se refusât catégoriquement à céder elle-même au principe des « licences ». « Pierre Cardin est un génie, il est fou… » Ma grand-mère déclarait sans rire que la « folie » était le propre des génies. Sur la rive gauche, plus canaille, elle avait ses habitudes chez Lipp. Son directeur à l'œil d'aigle, Roger Cazes, nous accueillait en personne.

« Le Ritz » sonnait comme la métaphore de l'exceptionnel, non de l'inaccessible. Je l'y accompagnai deux fois, pétrifiée à l'avance par ses instructions quant à ma tenue à table – déjà irréprochable grâce à ses soins. Nous avions rendez-vous avec « quelqu'un d'important ». Le hall vertigineux, les salles du grill Espadon où se perdaient quelques tables espacées achevaient de planter le cérémoniel. À l'image des divers endroits où je l'accompagnais, seuls les adultes semblaient être admis. Madame Grès, affable, y était accueillie avec déférence en voisine. M'y emmener malgré mon jeune âge ressemblait plus à une leçon d'éducation qu'à une lubie car rien, si ce n'est sa fierté de grand-mère, ne le nécessitait. Nous nous approchâmes d'une table où se tenait, plus raide que droite, un personnage à visage de lézard qui se leva pour la saluer avec chaleur, retenant sa main dans les siennes. Sa physionomie était si étrange que j'en oubliais le décorum environnant et le maître d'hôtel en faction permanente derrière nous. Était-ce un homme ou une femme ? Un homme sans doute, au vu de sa voix rauque, théâtrale ; son accent prononcé doublé d'un rire caverneux déconcertait. À bien l'observer, vêtue d'un caftan de soie à motifs multicolores, apprêtée et maquillée, c'était une femme : Diana Vreeland, journaliste et éditrice de mode américaine. Madame Grès et la papesse de l'élégance se connaissaient de l'avant-guerre, d'un temps où la chroniqueuse s'enthousiasmait pour les créations d'Alix, Maison française, dans *Harper's Bazaar*. Quarante ans avaient passé mais cette personnalité hors du commun figurait toujours l'arbitre des modes qui, depuis les États-Unis, faisait et défaisait les réputations et les tendances. Elle était admirée et redoutée de tout l'univers de la mode. Enjouées et familières, elles papotaient en vieilles amies qui se retrouvent une fois l'an pour s'échanger les dernières nouvelles de la Couture parisienne. Attendrie mais intimidante, elle porta son appréciation sur mon nez et mon menton (un détail qu'elle jugeait primordial), affirmant généreusement qu'ils étaient identiques à ceux de ma grand-mère.

Au moment où les finances de sa Maison seraient renflouées de plusieurs dizaines de millions grâce à la vente des Parfums Grès, le couturier donnerait une réception somptuaire aux Ritz, conviant quelques deux cents invités. Il fallait que toute la Couture française sache que sa doyenne n'avait rien perdu de sa grandeur. Au début des années 1980, ma grand-mère savait que « la concurrence » attendait, voire espérait sa chute, annoncée. Présidente de la Chambre syndicale de la Couture, elle était admirée, redoutée, mais exécrée par certains pour son intransigeance, jugée d'un autre âge. Le tout-puissant directeur d'une grande maison dirait un jour que « Madame Grès faisait une couture de classe », signifiant qu'elle ne s'adressait qu'à la haute société… Une évidence.

Printemps-été, automne-hiver… folle ronde qui rythmait son existence depuis quarante-cinq ans. Elle y avait mis l'énergie de sa jeunesse et y entraînerait jusqu'à ses dernières forces. Ses modèles n'étaient-ils pas au fond une vraie descendance ? Nés de ses amours avec le tissu, ils la comblaient de joies et d'angoisses extrêmes. Le décompte des jours préludant aux collections saturait la Maison Grès d'effervescence. Fiévreuse dans les coulisses, intime pour ma grand-mère ; c'était le triomphe des ateliers, où la synchronisation parfaite des gestes de chacune se dédiait à l'achèvement des robes. Puis venait le grand réveil des salons. Les doubles portes révélaient enfin l'enfilade de leur perspective à angle droit ; les chaises de location modèle « Napoléon », or et velours cramoisi, montaient par dizaines à l'étage pour s'aligner en rangs serrés. Ultime étape, le montage du podium tapissé de feutre blanc annonçait l'inéluctable : sa traversée par les mannequins revenait tous les six mois tracer l'avenir de la Maison. Quelque temps avant, Madame Grès avait sélectionné les « jeunes personnes » investies du difficile privilège de révéler la collection à l'admiration de ses fidèles. Pour ce faire, elle usait d'un cérémonial éprouvé, trônant en souveraine à l'extrémité du salon vide. Venait l'entrée des postulantes, une à une. D'un signe, une jeune femme émergée de la cabine s'avançait vers cette petite silhouette qui la jaugeait, l'œil sévère. Une démarche mal assurée était chose bénigne, cela s'apprendrait. Le couturier la faisait tourner sur elle-même : trop de poitrine, trop de « postérieur » étaient rédhibitoires. La chair, qu'elle dévoilait pourtant en subtiles découpes, devait se faire oublier. La poésie de ses plissés à nervures de coquillage ne pouvait s'agréer de seins arrogants, l'ostentation d'un fessier suggestif faisait trahison au tombé des crêpes de soie. Le corps du mannequin servait en messager paradoxal l'accomplissement d'une femme, ses transports esthétiques virtuoses. Son œuvre reflétait un état intérieur, bouleversé de ses échanges secrets et sensuels avec le tissu. Inexplicable pour le béotien, ce mystère à l'origine de sa vocation avait l'exigence d'une révélation sacrée ; l'offrande d'une vie entière à la Couture cédait peu d'espace à autre chose. Ma grand-mère recélait un tempérament démesurément passionné dont j'ignorais encore tout. Le vouer à la création la gardait de ses excès.

La veille du premier défilé, elle me demandait rituellement : « Demain, à telle heure, tu feras une petite prière pour moi… » À l'école, mais l'œil à ma montre, jamais je n'oubliais. Puis le soir : « Y as-tu pensé ? » Oui. « Alors c'est pour cela que ça a marché ! » J'en étais secrètement rassurée. Le succès était immanquablement au rendez-vous. Ce petit pacte immuable racontait que ni le succès ni le passage des années n'amoindrissaient ses inquiétudes : elle se donnait toute et à chaque fois. Les mémoires d'une chroniqueuse de mode des années 1940* la décrivaient, aperçue à la dérobée quelques minutes avant un défilé, recroquevillée derrière un paravent et dévorée par l'angoisse ; rien n'avait changé. Le jour de la présentation à la presse, les journalistes avaient pour impératif d'être présents à l'heure dite car les retardataires

* Bettina Ballard, *In My Fashion,* éd. Séguier, 2016.

n'entraient pas, Madame Grès se cramponnant en personne à la poignée de porte pour les en empêcher. Les préposées au contrôle des cartons d'invitation faisaient obstacle aux échanges de sièges afin que le placement décidé par le couturier soit respecté. Les croquis étaient proscrits. Ma grand-mère redoutait que des journalistes étrangers puissent être missionnés pour copier ses modèles. « Les Japonais sont les pires ! » Un paravent blanc dérobait un affairement de ruche silencieuse, l'habillage des mannequins ; de grands panneaux rappelaient la répartition des modèles. Attitré aux défilés de la Maison Grès, un coiffeur parisien éminent œuvrait sur chacune. Il y avait eu Guillaume dans les années 1950-1960, puis Laurent Godefroy, autre roi du chignon. Chaque jeune femme était aux mains d'une première qui lui ajustait elle-même un modèle issu de son atelier – elle avait l'intime connaissance de son appui. Une seconde l'assistait parfois. Dernière halte dans les coulisses, le mannequin se présentait à Madame Grès qui ordonnait du bout des doigts un détail récalcitrant puis accordait à la robe son bijou, tiré d'un assortiment. La présentation d'une collection se calquait sur le déroulé de la journée d'une élégante : robe d'intérieur, robe d'après-midi, tenue de plage, robe « d'hôtesse », robe de cocktail, robe du soir, auxquels s'adjoindraient manteaux, capes et tailleurs. La soie imprimée des tenues de plage de son inspiration, agrémentées de tuniques courtes fendues au ras du « postérieur », transportait l'imaginaire d'un clapotis turquoise berçant l'acajou d'un Riva, et non d'un vulgaire barbotage.

Tenant le carton blanc numéroté du modèle, les mannequins s'élançaient vers l'estrade à rythme lent et cadencé. Elles arpentaient son tapis clair pour fendre l'assemblée des visages, levés dans un silence d'église : Grès demeurait la dernière Maison parisienne où l'on défilait en silence. Le temps se suspendait, soutenu jusqu'au geste qui délivrerait au tissu son envol magnétique. Ronde autour de l'étage, les jeunes femmes se croisaient à l'entrée du palier pour s'éloigner vers la cabine. Ne sourdaient que les murmures d'extase à l'approche aérienne des drapés tant espérés, que Madame Grès présentait en dernier ; le crépitement des flashs redoublait, autorisant soudain aux spectateurs des rumeurs enthousiastes. Ici, point de démonstration superfétatoire, Madame Grès ne venait pas saluer. Quelques effusions distantes seraient permises entre deux portes aux journalistes ayant sa faveur, comme Francine Crescent, rédactrice en chef de *Vogue* ; d'autres défilés seraient destinés aux femmes du monde. Les semaines suivantes, quelques présentations se tenaient tout spécialement dans un petit salon à l'intention d'une ou deux clientes. C'étaient celles auxquelles j'assistais, m'enfonçant dans un fauteuil où mes pieds ne touchaient pas terre. Imitant la cliente présente, je notais consciencieusement sur un carnet le numéro de mes robes préférées, à son amusement. Voir virevolter d'aussi près le mannequin et toucher des yeux les modèles, c'était plonger au cœur d'une magie vivante, dont la beauté m'étourdissait et me rendait si fière de ma grand-mère que mon enthousiasme brûlait d'annoncer à la cantonade : « C'est ma grand-mère qui l'a fait ! »

Au long d'une vie qui connut tant de défilés il y en eut un, symbolique et sans doute des plus précieux à ses yeux, qui demeura méconnu, puisqu'il se déroula en 1969 derrière le rideau de fer. Ultime hommage d'une épouse à la terre natale de son mari, l'ancienne Russie des tsars, et fervent devoir d'une mère qui menait sa fille fouler le sol de ses ancêtres. À 66 ans, couverte de gloire mais saisie de nostalgie, elle partait enfin sur les traces d'un passé à jamais effacé, qui n'était même pas le sien, en quête d'impossibles réponses à un mariage raté. Ma grand-mère s'était envolée pour Moscou avec un coiffeur et ses cousines, ses mannequins les plus sublimes et ses plus belles robes, pour un incroyable séjour en terre communiste. Trente ans avant la chute du Mur, aucun couturier parisien ne se serait risqué en URSS, pourfendeur du luxe occidental. Je découvris il y a peu le reportage photographique du voyage, saisissantes images de robes du soir au pied du

Mémorial aux cosmonautes. Le jour, Madame Grès jouait les touristes, posant avec des gardes rouges ; le soir, elle offrait le spectacle de son défilé à la scène démesurée d'un théâtre moscovite, préparant de sa main les mannequins avec la complicité du coiffeur Guillaume. Au premier rang prenaient place des dignitaires et leurs épouses apprêtées, le reste de l'assistance se composant de femmes modestes, habillées à la mode soviétique : un public comme écrasé par l'architecture constructiviste de la salle. Sur l'image d'un vin d'honneur en comité restreint, égayé d'un accordéon et de quelques musiciens, l'emblème de la faucille et du marteau se détache du mur, monumental. Quasi irréels, ces souvenirs éveillaient l'émotion de ma grand-mère : « Il y avait des femmes de la campagne ; les gens pleuraient : ils n'avaient jamais rien vu d'aussi beau… » Cette échappée avait pu bénéficier d'une période de « détente » politique entre Est et Ouest, trêve favorable aux échanges culturels.

Quelques noms mythiques, des péripéties mystérieuses, affleuraient dans l'histoire de ma grand-mère et de la Maison Grès. Muette comme une tombe sur son passé – y compris avec ses intimes, les personnalités qui s'y mêlaient ont emporté à sa suite ces secrets dans l'éternité. Ces amitiés de l'ombre, qui partageaient avec elle l'amour de la patrie, étaient nées pour la plupart sous les années d'Occupation, synonymes de clandestinité. Le soir, ma grand-mère tenait parfois au téléphone de longs conciliabules avec des messieurs dont je n'entendais que le prénom. Un jour j'apprendrais l'identité de quelques-uns. « Jacques » : le capitaine Jacques de Witasse était son filleul de guerre, un bel homme au regard clair. Quarante ans après la guerre, ils échangeaient une correspondance régulière et des appels affectueux. Devenu général, il l'appelait toujours « marraine ». Elle me raconta que les soldats envoyés au front recevaient de leur marraine des colis de vivres et de vêtements chauds, des cartes postales. Jacques de Witasse commandant une compagnie de chars de l'armée de Libération, les ouvrières de la Maison tricotaient pulls et chaussettes que le couturier lui expédiait au gré des mouvements de troupes. La figure de ce soldat lui inspirait l'admiration. Prisonnier évadé d'un camp en Silésie en 1941, recherché par la Gestapo, il avait traversé les Pyrénées à pied, se cachant sous une fausse identité, pour rejoindre Londres via l'Espagne. Avait-il rencontré ma grand-mère lors de ce périple, elle-même réfugiée près de la frontière espagnole ? À la Libération de Paris, il la retrouva brièvement. Entourée de soldats et l'air farouche, elle se tient à ses côtés sur une photo souvenir prise à l'Arc de triomphe devant les tanks. Reparti au combat vers l'Est, Jacques de Witasse rapatrierait d'Allemagne la Mercedes de Hitler.

« Pierre », c'était Pierre de Bénouville, une éminence grise des milieux politiques de la droite française des années 1960-1970. Comment, dans les années 1940, le couturier avait-elle fait la connaissance de cet homme d'action, cadre de la Résistance, membre de services secrets alliés puis compagnon de la Libération ? La confiance qu'elle lui marquait se traduisait par un ton de confidence inusité, où ses barrières naturelles étaient abolies. C'est auprès de ce type d'amitiés parallèles que je l'entendais rechercher des conseils, elle qui n'en demandait jamais à personne. Ce personnage influent était convié aux manifestations honorifiques en l'honneur de ma grand-mère, Légion d'honneur et remises de distinctions.

L'anecdote décisive de sa carrière, qui métamorphosa le nom « Alix » en « Grès », se déroula sous l'Occupation. Pendant l'exode de 1940, ma grand-mère s'était établie dans les Pyrénées, y poursuivant vaille que vaille ses créations pour les faire parvenir périlleusement jusqu'à Paris. Escomptant faire main basse sur la Maison Alix et misant sur son absence, l'un de ses associés la dénonça comme juive aux Allemands. Elle, sa famille, et jusqu'à son bébé risquaient la déportation. Au mépris du danger et furieuse à la perspective de perdre sa Maison, fruit de son travail, elle regagna Paris pour affronter son calomniateur ; elle fit irruption dans son bureau et le gifla à toute volée. Puis elle missionna son père en Alsace, leur région d'origine, afin de produire aux autorités allemandes les certificats prouvant leur non-judéité. En pleine Occupation elle ouvrirait une nouvelle Maison. Ce courage doublé d'un incroyable culot illustrait un caractère dont l'apparence frêle ne payait pas de mine. Elle n'avait pas peur des Allemands – ma grand-mère haïssait (comme bien des Français) les « doryphores* » et la France de Pétain qui déshonorait son pays. Elle n'avait pas peur des hommes – souvent lâches à ses yeux. Elle provoquerait ensuite les Allemands par défi, se faisant fort de ne pas respecter les restrictions de tissu imposées à la Couture française. Jouant la comédie du couturier qui ne peut travailler à sa guise, elle frappa à la porte d'un ministre de Vichy, plaidant sa cause devant le fonctionnaire confondu par tant d'audace. Ne parvenant pas à ses fins, elle irait en personne solliciter une entrevue avec l'administration allemande. Reçue par un jeune secrétaire en uniforme, avenant et bien disposé à son égard, elle se fit tout miel. Hélas, il n'était pas en mesure d'intercéder auprès de ses supérieurs. (Charmée, elle était persuadée en quittant son bureau qu'il ne pouvait être pro-Hitler…) Les Allemands ordonneraient la fermeture de la

* Surnom donné à l'occupant allemand : insecte ravageur des pommes de terre.

Maison Grès, qui serait réouverte grâce au secours d'une pétition lancée par ses amis Jean Cocteau et Christian Bérard. Après la traversée de tels épisodes, rien ou presque n'était en mesure de l'effrayer.

Madame Grès n'était pas faite pour s'entendre avec les hommes d'affaires, une « espèce » qu'elle soupçonnait de manœuvres subreptices – pas toujours à bon escient. Une part épique de sa légende professionnelle tenait à son bras de fer avec un puissant businessman américain : le « procès Stern ». Le succès du parfum Cabochard, lancé en 1959, avait fait d'elle un couturier extrêmement fortuné. Mécontente du contrat signé pour sa diffusion en Amérique du Nord, elle prit la liberté de ne pas l'honorer (ainsi était-elle faite !). D'abord indulgent, le diffuseur américain Milton Stern finit par l'attaquer en justice pour exécution fautive de contrat : elle l'accusa en retour de falsification et usage de blanc-seing. Après avoir épuisé deux avocats, Madame Grès confia sa défense à l'illustre Albert Naud, ancien résistant, avocat de Laval et Céline. (Son assistant, qui défendrait ma grand-mère, n'était autre que le fils de mon parrain…) S'ensuivraient dix ans de procédure, d'appels, de non-lieux : Philippe Billaud plaida 47 fois ! Orgueilleuse, habituée à gagner et déterminée à ne rien céder, elle refusa de participer à l'arbitrage proposé par la cour. Refus fatal : Madame Grès perdit ce duel, condamnée à verser près de 8 millions de francs de l'époque à

Milton Stern. Une humiliation. Le verdict agitait les chuchotis de la Couture parisienne, qui voyait dans ce procès à rallonge une folie typique de leur consœur : réputée très procédurière, le couturier attaque volontiers en justice, et gagne ; personne ne se risque à se mettre en travers de son chemin. (Le bruit courait que ma grand-mère avait des juges dans sa manche...) *Le Monde* publia en 1974 un article si détaillé sur la procédure que le couturier exigea un droit de réponse. Elle y accuse le journal d'avoir accédé au dossier même et de vouloir porter atteinte aux intérêts de sa Maison. Incorrigible, elle annonce avec fracas ressaisir la justice à l'encontre de M. Stern ! Elle doit payer néanmoins, et déclare, plus grandiose que jamais (à ceux qui la croiraient finie) : « Ayant toujours scrupuleusement respecté mes obligations de toute nature, je paie comptant (« cash », comme dirait l'heureux bénéficiaire) à M. Stern les 1 316 000 dollars que je dois*... » Le « cash » marquant délicieusement son mépris, cette prise de parole publique à 70 ans, inédite, claque comme une affirmation de puissance intacte.

Où que l'on aille dans la Maison Grès, du studio de Mademoiselle aux ateliers, le nom des clientes se prononçait à voix basse. C'étaient là

* *Le Monde*, « Une lettre de Mme Germaine Grès », 24 juillet 1974.

des affaires confidentielles, qui tenaient à l'intimité de ces femmes et à l'impératif de discrétion voulu par le couturier. Le claironner eût été du plus vulgaire, les clientes Grès s'écartant du genre tapageur. De rares noms parvenaient jusqu'à mes oreilles, ma grand-mère refusant qu'ils puissent être source de vanité. Néanmoins, la photo d'une divinité blonde trônait sur son bureau, dédicacée à « Alix » : c'était Marlène Dietrich en lamé or, aimantant le regard. Un après-midi d'été où elle cousait des rideaux pour sa fille (!) résonnait un disque d'Édith Piaf : « Comment une femme aussi minuscule pouvait-elle avoir une voix pareille ? » Cette voix qui la poignait tant réveillait soudain le souvenir du Paris de sa jeunesse et celui de la petite robe noire qu'elle avait créée pour elle.

Avare à mon regret d'anecdotes évoquant sa vie de couturier, l'ombre de ses trois premières clientes d'envergure revenait pourtant la hanter : le passage du temps n'altérait ni sa reconnaissance ni le souvenir de leurs encouragements. Ces personnalités l'avaient poussée, petite modéliste talentueuse, à voler de ses propres ailes. Son intonation se voilait si elle évoquait la danseuse « Argentina », un phénomène de scène des années 1930 morte prématurément. Elle conservait pieusement un portrait en pied de ce tempérament de feu, virevoltant dans une robe gitane dessinée pour elle. Alix l'habillait à la scène comme à la ville, La Argentina promouvant son jeune « nom » sur ses programmes de spectacle et aux concours d'élégance automobile. « Quelle femme merveilleuse, au cœur exceptionnel… » Le public avait adulé La Argentina et son âme généreuse ; ma grand-mère, quarante ans après, lui gardait un attachement inconsolé. Autre bonne fée de ses débuts, la baronne Munoz incarnait deux constantes de son univers : la haute société diplomatique et la Russie en exil (sa famille avait fui la révolution bolchevique). En protectrice influente, la baronne avait drainé à sa suite la clientèle fortunée de ses amies. Habillée par Alix, Mme Munoz posait en mannequin pour les journaux de mode. Ma grand-mère vantait son allure exceptionnelle, qu'une photo digne d'une tragédienne de théâtre venait confirmer. En manteau de velours couleur de nuit tombant jusqu'à terre, elle personnifiait l'élégance hiératique. Troisième figure de cliente, Mme Dulce Martinez de Hoz, la délicate épouse d'un magnat d'Amérique latine : à son propos, ma grand-mère admirait la grâce faite femme et un sens du style inouï. C'était de fait un arbitre des élégances très en vue sur les champs de courses, maintes fois photographiée par les illustres frères Seeberger. En définitive, ces trois noms clés réunis à l'aube de sa carrière avaient entrecroisé les paramètres du succès à venir : la créativité du monde artistique et ses figures, l'élégance de la haute société internationale et sa fortune. Ils présentaient des qualités maîtresses aux yeux de la créatrice : le caractère, l'allure, le cœur.

Dans le présent des années 1970, l'abattant de son délicat secrétaire, marqueté de bois clair, croulait sous son courrier de femme d'affaires, sa correspondance privée et les cartons d'invitation. S'y ajoutaient quelques images dédicacées de ses clientes chères du moment, dont celle de Jihane Sadate. J'entendais ma grand-mère louer le courage de l'épouse du président égyptien, soutien sans faille de son mari alors que d'extrêmes tensions régnaient au Moyen-Orient. « Ils risquent leurs vies », me disait-elle. (Anouar el-Sadate serait assassiné quelques années plus tard.) Elle éprouvait une grande tendresse pour la princesse Grace de Monaco, admirative de sa simplicité et de son dévouement aux autres. Quelque chose lui faisait penser qu'elle souffrait de ne pouvoir être totalement elle-même. Intemporelle, sa beauté classique venait aussi du cœur, songeait-elle face aux portraits qui l'immortalisaient en robe Grès. Grace Kelly, prénom si bien porté, illuminait l'objectif de Richard Avedon sous une colonnade du palais de Monaco. Sa blondeur altière en taffetas cardinal (peinte par Ricardo Macarron) ornait une carte de vœux récente. Non loin, le petit cadre d'une composition de fleurs séchées de la princesse, acquise à une vente de bienfaisance : « La modestie de ce travail en fait toute la valeur », énonçait ma grand-mère à juste titre.

Pendant vingt-cinq ans, une seule femme sut être bien plus qu'une cliente dans le cœur de ma grand-mère : Gersende de Sabran-Pontevès, duchesse d'Orléans. Leur histoire commune débuta à ses fiançailles, pour lesquelles Gersende souhaitait une robe de Madame Grès : elles ne se quittèrent plus. La spontanéité et l'humanité candides, la grâce de la jeune fiancée conquirent ma grand-mère. Elle s'avéra bientôt la nouvelle muse d'une créatrice au sommet de sa maturité, qui admirait en elle la mère et la musicienne, la jeune femme étant une pianiste mozartienne accomplie. Son émotion d'interprète transportait ma grand-mère : leurs vives sensibilités s'étaient reconnues au-delà des âges et de la condition sociale, puis-je dire. Elles partageaient des fous rires d'enfants malicieuses, de fréquents thés, je jouais avec ses enfants, nous la visitions l'été au château d'Ansouis. C'est dans son salon que fut remis à Madame Grès l'insigne d'officier de la Légion d'honneur – j'étais empêtrée de timidité. Gersende lui faisait le don de petits bonheurs sans mélange, d'une affection quasi filiale et désintéressée. Leur complicité passait aux yeux de certaines pour insolite, faisait jalousie – encore une extravagance du couturier. Son allure délicate semblait faite pour ses créations : elle habitait drapés et ampleurs de taffetas sans faillir, en ambassadrice d'exception de la Maison Grès. Ma grand-mère fit aussi appel à ses talents de concertiste pour accompagner ses défilés au Japon.

L'étendue magistrale de son exercice fit œuvrer Madame Grès à la silhouette de trois générations, de la femme enfin libérée du corset à la femme libérée tout court. Des visages célèbres aux noms obscurs d'un passé évanoui, l'éventail de sa clientèle illustre un catalogue rêvé, un bal onirique où la vieille France aristocratique, la diplomatie cosmopolite côtoient l'icône du star-système, le monde politique et les artistes, les grandes fortunes internationales, les émirats, la jet-society... le monde entier. Dès ses débuts, le couturier crée avec une affinité particulière pour les artistes de scène, qui font vivre intensément le vêtement : l'extravagante danseuse « exotique » Leïla Bederkhan ; les comédiennes Madeleine Ozeray, compagne de Louis Jouvet, ou Maria Casarès ; la pianiste Magda Tagliaferro, beauté rousse ; la chanteuse réaliste Marianne Oswald ; la cantatrice Leontyne Price et la ballerine Ludmila Tcherina.

Elle approche le Tout-Paris et son intelligentsia : Mme Paul Cocteau, belle-sœur de Jean Cocteau, Mme Tixier-Vignancour, épouse d'un avocat fameux, ou la poétesse Lucie Faure, épouse du ministre Edgar Faure. Si Alix réalise la robe de mariée des jeunes filles de bonne famille, Madame Grès en prête une, virginale, pour le film *Qui êtes-vous*

Polly Maggoo ? de William Klein (1966), une satire de la mode.

Elle fut aussi le couturier de l'aristocratie russe en exil : la princesse Paul Troubetskoï, Mary Vachnadzé, épouse de l'aviateur Dieudonné Costes, la grande-duchesse Maria Feodorovna ; des femmes à fort caractère, de tous horizons : son amie de jeunesse, la fantasque modiste Mme Agnès, la pilote Jacqueline Auriol (fille du président Vincent Auriol), héroïne à la beauté défigurée, l'aventurière brésilienne Aimée de Heeren et la peintre Tamara de Lempicka. Ma grand-mère lui dédia d'ailleurs un bleu « Lempicka »... Ses créations sont prisées des beautés cosmopolites : la maharani de Kapurthala, divine princesse des années 1930, Marella Agnelli, surnommée « le Cygne », mariée au « condottiere » Gianni Agnellli (Fiat), ou Dewi Soekarno, ravissante épouse d'un président d'Indonésie. L'actrice Cécile Sorel lui passe une commande insolite : sa robe de religieuse pour son entrée dans l'ordre des Clarisses.

À l'écran ou à la ville, Madame Grès habillait les actrices : les icônes d'Hollywood Dolores del Rio, Myrna Loy et Rosalind Russell, l'Italienne Silvana Mangano aux côtés de Kirk Douglas dans *Ulysse* de Mario Camerini (1954), Romy Schneider et Delphine Seyrig ; mais aussi les femmes d'hommes influents : Mme Mario Guichard (fondateur des magasins Casino), São Schlumberger (multinationale électrique Schlumberger), Evangeline Bruce (femme d'un ambassadeur américain à Paris), Jacqueline Kennedy et sa belle-sœur Eunice Shriver (sœur de JFK), Mme Liliane Bettencourt (son mari était l'ami de Pierre de Bénouville). La carrière du couturier l'a rapprochée du pouvoir politique et de sa clientèle : Mmes Vincent Auriol, Giscard d'Estaing, Mitterrand, la ministre à la condition féminine Monique Pelletier, Ève Barre, épouse du Premier ministre Raymond Barre. Clientes richissimes, des « socialites » américaines comme Millicent Rogers, Austine Hearst ou Nan Kempner l'attendaient chaque année à New York. La Begum, épouse de l'Aga Khan, la duchesse de Windsor, la sœur du roi Farouk d'Egypte, la comtesse de Chambrun, la baronne de Rothschild, la vicomtesse Jacqueline de Ribes, Joy de Rohan-Chabot, tant de noms titrés et bien d'autres.

Des créatures divines ont posé dans ses modèles pour les plus grands photographes : Marisa Berenson, Jerry Hall, Twiggy, Verushka, Dayle Haddon, Lauren Hutton, Barbra Streisand. Mais d'elle-même, que savait-on ?

Chapitre 5

Qui êtes-vous, Madame Grès ?

Certains n'ont pas hésité à voir en elle un sphinx. Disent-ils autre chose, son visage impénétrable, cette hauteur qui daignent toiser le photographe ? Ils parlent du désir de rester en soi-même et d'en demeurer le maître. Ils parlent de l'ancienne enfant émotive, bridée par sa timidité, qui fit de sa réserve un atout : elle la conjura toute sa vie de témérités que l'époque jugeait inconcevables. Petite fille déjà, elle déclarait à l'école qu'elle voulait, comme les garçons, servir son pays. C'était en 1914. Jeune fille, elle ambitionnait un métier d'homme, sculpteur ; puis elle s'opposa à son père et quitta le foyer familial encore mineure pour échapper à un mariage arrangé. Elle voulait choisir son existence, sa jeune admiration allant au génie du couturier Paul Poiret et à sa démesure. Le hasard des rencontres va mettre sur son chemin des femmes hors du commun, dont la personnalité a peut-être conforté l'affirmation de sa singularité. Elle

Madame Grès en villégiature en Bretagne
dans les années 1950.

m'avait dépeint la mésaventure d'une dame de sa jeunesse dont le coiffeur avait raté la teinture : ses cheveux courts étaient devenus mauve soutenu. Elle avait décidé (dans les années 1920 !) de les garder ainsi pour se distinguer. Cette originale n'était autre que Mme Charlotte, directrice de la Maison Premet où ma grand-mère débuta, une figure flamboyante de la mode parisienne qui dictait les tendances, sortant beaucoup, conduisant sa voiture et faisant du sport, esthète aux goûts affirmés. Deuxième figure anticonformiste, son amie et cliente la modiste Mme Agnès, elle aussi familière des milieux artistiques. Elle portait des tenues avant-gardistes et rajustait aux ciseaux ses chapeaux à même la tête des clientes dans les années 1930.

Ne rien dévoiler de ses secrets imprime un pouvoir. Certainement, ma grand-mère savait jouer de cette frustration, en ayant découvert les avantages. Son mystère faisait parler, il lui déployait l'abri d'un paravent. Elle s'était forgée de secrets. De sa main surgissait une création si remarquable que la chronique croyait à quelque sortilège. Sa destinée aurait dû être celle d'une gente dame sans atours, cloîtrée selon sa volonté dans une forteresse dont elle aurait jeté la clé, façonnant ses tissus de l'aube à la tombée du jour. Elle n'était pas née pour une vie ordinaire ni raisonnable. La solitude, son alliée, ne la déçut jamais puisqu'elle était la force qui armait son bras. Ce talent qui l'enfermait ne différait guère de celui d'un Rembrandt, sa dimension portant la robe à hauteur d'œuvre d'art où la notion de mode n'est qu'accessoire : insensible au passage du temps, sa création échappe à cet écueil et l'abolit. Si certains modèles reflètent leur époque, avec d'autres surgit ce mystère d'éternité auquel elle œuvra en alchimiste et sans relâche… la survivance imprévue de son œuvre.

Farouche, la jeune Germaine fut galvanisée par l'impérieuse nécessité de réussir, de contourner les impératifs assénés aux jeunes filles de sa génération. Mariage, enfants : ce serait pour plus tard, d'autant qu'il restait peu d'hommes valides après 1914-18. Jeune modéliste, elle s'octroie le pouvoir sur son identité et change de prénom : « Alix », qu'une amie lui suggère, fait distingué. De ses débuts, elle voila toujours certains aspects, sans autre raison qu'écrire elle-même son histoire. Sous ce silence flottait un parfum de cache-cache : il s'avéra que son nom s'était dissimulé derrière celui de petites Maisons que son orgueil s'obstinait à taire, comme s'il était impensable qu'elle ait travaillé dans l'ombre pour d'autres. Dans les années 1980, je découvris le nom d'Alix Barton. Était-ce elle ? Oui, apparemment. Sans doute ce patronyme aux consonnances anglaises sonnait-il moderne dans sa jeunesse, pensai-je intérieurement. Pourquoi cachait-elle que « Barton » était en réalité son associée ? Auparavant il y avait eu la Maison « Alex » ; d'Alix à Alex la voyelle de différence était limpide : c'était bien elle, croyais-je. À ceci près que ma grand-mère entretenait la « confusion » : Alex existait bien et ce n'était pas Alix, mais un homme, petit couturier. Pour couronner le tout – fait qui rend incrédule, je ne l'ai connue que sous le nom de « Madame Grès ». C'est très tardivement qu'elle évoquait à l'exclusivité de la presse (que je ne lisais pas) la période « Alix ». Ma grand-mère, cette inconnue se glissant en son dédale, tendant des voiles opaques entre chaque étape de son identité.

La foi en son destin fut la clé de tout ; par chance elle était née avec un talent que sa force de travail ne fit que décupler : « Le travail est tout, lui seul donne la liberté ; il permet de ne dépendre de personne… », me disait-elle à ce propos. Elle avait certes gagné de bonne heure le succès qui fut son gage de liberté. Ma grand-mère professait un absolu d'indépendance pour les femmes et, à l'occasion, y encourageait celles de son entourage. Du temps de la Maison Alix, elle avait engagé sa sœur à ses côtés. Une fois celle-ci mariée, son époux refusa qu'elle continue de travailler, jugeant que c'était une situation déplacée pour une femme de son milieu social. Entièrement dévolue à sa création, ma grand-mère semblait s'être gardée un certain temps des fréquentations masculines, par défiance ou par crainte de tomber sous la coupe d'un homme. Un épais brouillard régnait sur le sujet, mais il était convenu qu'il fallait « se méfier des hommes ». Une jeune femme, selon elle, devait avant tout songer à s'établir « une situation » qui la rendrait libre de ses choix futurs. Si gracieuse avec ses accroche-cœurs dans sa prime jeunesse, pensais-je, comment n'aurait-elle eu quelque succès ? Contrairement à d'autres, jamais elle ne s'afficha avec quelque protecteur fortuné qui aurait facilité son ascension. C'était le « genre » de femmes qu'elle regardait avec une réprobation prude.

L'engouement que suscitent ses modèles plus d'un demi-siècle plus tard fait s'interroger : à quoi tient-il, en regard de Madeleine Vionnet, Jeanne Lanvin et peut-être même Chanel ? Si ma grand-mère est née avec le siècle, ses consœurs sont filles du XIXe ; les carrières de Vionnet et Lanvin ont pris fin avec la guerre, Chanel se retire alors pour quinze ans en Suisse. Madame Grès n'a cessé de travailler. Mademoiselle Chanel se tourna vers ses tailleurs « pratiques », la Maison Grès visait le contraire, l'exceptionnel. Un certain sens de la démesure fit parler d'Alix Grès continûment, les révolutions de Chanel furent récupérées par le prêt-à-porter : ma grand-mère ne fit que mésalliance contrainte avec le prêt-à-porter. Les noms de Lanvin et Chanel seraient au fil des décennies servis par d'autres, déclinés en accessoires... Le nom de Madame Grès n'a qu'une connotation : ses robes. Il ne s'est pas dispersé, a conservé sa nature originelle. Comme celui du couturier Paul Poiret, son nom s'est éteint avec elle, inscrit dans l'éternité. Cette exception participe à sa légende, tout comme son turban, ses drapés, la fermeture de sa Maison par les Allemands et le phénomène Cabochard : Cabochard, parfum unique et unique succès de parfumerie. Car Madame Grès est unique.

Elle vécut l'avènement du « tout-image », proche d'aujourd'hui : ses modèles connurent pendant cinquante ans la caresse des photographes, leur séduction allumant l'œil des plus novateurs dès 1960, période où sa maturité aurait pu connaître quelque éclipse. Bien au contraire, les constantes de sa création rejoignirent la modernité des sixties, la vogue des caftans se confondait avec son appétence pour les ampleurs. Sans jamais frôler le vulgaire, les drapés de la doyenne dévoilaient les corps : une adéquation avec l'esprit du moment. Ils ont désormais le statut des grands classiques qui survolent l'instant présent. Lorsqu'elle pose en personne devant l'objectif, Madame Grès l'aimante de sa présence. Le plus souvent duègne, elle se fait séductrice pour Diane Arbus, puis béguine pour Richard Avedon ou icône pour Cecil Beaton. Ses collections, aussi, alternent le sage et l'osé, tempèrent de mantes monacales l'audace des peaux nues. Main de couturier et main de femme, ma grand-mère travaillait à l'instinct, révélateur empirique de la beauté des femmes, sa priorité : ses clientes fidèles étaient ses initiées, des disciples fidèles auxquelles elle infusait un magnétisme d'allure jalousé en magicienne aux tours insondables.

Qui était-elle ? Tout cela à la fois : complexe.

Chapitre 6

Le règne des souvenirs

La chambre de ma grand-mère m'était un lieu transitoire dont je n'ouvrais la porte qu'après y avoir frappé. Marqué de la même interdiction que son atelier, il ne tolérait aucun accès en son absence et se parait presque d'un halo de sanctuaire. Me prenait l'envie d'y fureter ? La certitude que son esprit régnait partout en présence immanente m'en dissuadait. J'en gobais donc des yeux tous les détails lors de mes visites. Chez nous, l'imagerie du passé familial n'ornait pas un buffet de salle à manger au regard de tous, elle se retirait dans l'espace solitaire d'une chambre ; mais non d'un mausolée : s'y disséminaient en fouillis raisonné les reliefs d'un quotidien ordinaire côtoyant l'assortiment des portraits et souvenirs de l'histoire de ma grand-mère. Les abords de son chevet concentraient des représentations de la Nativité, motif religieux et tendre qui accompagnait son sommeil. Les regards paternels du bœuf et de l'âne veillant Jésus emmailloté dans leur

Portrait de Serge Czerefkow, époux du grand couturier, photographié en 1930.

icône brunie par le temps, et au-dessus de son lit la douceur modeste d'une Vierge à l'Enfant. Bien plus évocateur à mes yeux, les photos en médaillon de jolies femmes de l'autre siècle, malgré leur regard lointain, me faisaient de l'œil derrière une lampe. Les années passant, ma grand-mère finit un jour par me les présenter : c'étaient sa mère et sa grand-mère. « Ma mère était très belle… » Ce fut presque tout. Elle me dépeint en riant sa grand-mère italienne. Habitant aux Champs-Élysées, elle avait jeté par la fenêtre des souliers sans crier gare, mécontente de l'ouvrage de son chausseur. Elle piquait des colères terribles et brisait la vaisselle ; elle gardait ses filles à l'abri des regards masculins, jalousies baissées : un portrait redoutable.

Mais les hauts faits de cette dame se teintaient de plus croustillant. À la manière de quelque tache familiale qu'il convient d'effacer, ma grand-mère ne les évoqua jamais. La bouillante Italienne avait eu ses filles « de la main gauche », expression savoureuse signifiant « hors mariage », d'un monsieur marié de son côté. Elle occupait la position de femme entretenue, condition scandaleuse sous le Second Empire – l'on était bien loin de la grande bourgeoisie que Madame Grès évoquait pour la presse. Je ne voyais dans cette histoire que colportait ma mère qu'un racontar fanfaronné par provocation (en l'absence de ma grand-mère) en vue d'amoindrir l'aura de la grande dame de la Couture. Notre cousine, seule mémorialiste de la famille, la confirma. Ma naïveté d'enfant peinait à croire que ma grand-mère avait réellement pour mère une enfant « bâtarde » (dont le père était par ailleurs bien identifié) ! J'étais persuadée qu'elle en concevait de la honte : sinon pourquoi le cacher, et si longtemps après ? Elle était plus diserte sur son père – « Il s'appelait Raoul ; il fabriquait des pipes », dont elle conservait une grande photo, portant veste et chapeau de jardinier. Sa voix se faisait affectueuse à son souvenir. Par contraste, les rares évocations de sa mère offraient peu de gaieté. J'apprendrais plus tard son aigreur légendaire – encore une source parallèle, qui affirmait que ce caractère avait disloqué la famille en son temps.

Aucun lit « conjugal » ne trônait dans la chambre de ma grand-mère durant mes années d'enfance. Ce qui ne m'empêchait pas de m'y glisser auprès d'elle au petit matin, goûtant l'effleurement léger des draps de lin. La plus ancienne vendeuse de la Maison Grès, petite dame au casque permanenté, fit courir une légende à propos de ce lit au moment du décès du couturier. Au départ de son mari, ma grand-mère l'aurait fait scier en deux et conservé l'une des moitiés pour y dormir. Fallait-il croire cette anecdote qui s'accordait bien aux démesures de ma grand-mère mais que le prosaïque (un lit sur deux pieds) faisait mentir ? Dans cette chambre et bien réel, un autre élément convoquait par allusion son état de conjugalité. Près de la fenêtre se tenait un imposant objet en bois usé – à mes yeux une sorte de cadre vide sur pied, incongru. C'était un chevalet. Longtemps il demeura vide puis, un jour, une petite photo noir et blanc était posée dans l'angle : le visage agréable d'un homme coiffé d'un béret, plissant les yeux au soleil. Il avait un grain de beauté près du nez : je voyais mon grand-père pour la première fois et je compris que c'était son chevalet. À partir des bribes d'information que ma grand-mère cédait en pointillés, je traçais à l'aveuglette une ligne presque cohérente. Il était peintre à Tahiti, c'était le père de ma mère, guère davantage. Mais aucun tour de passe-passe de mon esprit ne parvenait à l'associer à elle. Le peu de réalité qu'offrait son évocation m'empêchait de concevoir où il se trouvait, loin sans doute, dans le temps et l'espace. Tahiti ne m'inspirait que de vagues images de palmiers du bout du monde. Plus qu'un silence, ma grand-mère abattait un mutisme absolu sur le sujet. Un instinct d'enfant sentait là une résistance de muraille, informulée ; s'en approcher, c'était déjà toucher au tabou. Jamais le peintre n'était évoqué lors de ses conversations avec ma mère – leur enfant –, en ma présence du moins. Il ne figurait pas le genre de personnage haut en couleur dont l'on se souvient lors des repas de famille. Tangible, son nom que ma grand-mère prononçait d'aventure subsistait comme le rare indice voué à l'incarner. Les sonorités de Czerefkow réveillaient alors un instant de fierté irrationnelle, reliquat peut-être d'émerveillements enfuis.

L'identité russe blanche de mon grand-père, qui était devenue sienne par mariage quarante ans plus tôt, lui avait laissé à jamais son manteau de grandeur héroïque, tissé d'ors et de neiges lointaines. C'était prenant et inexplicable. Quelques objets liés au culte orthodoxe manifestaient ce monde magique. Dans leur cadre d'argent des icônes aux visages ombrés par les ans et auréolés de mystère, mais aussi le pendentif d'une croix byzantine de la taille d'une main. Le spectacle de ce bijou sacerdotal ne m'apparut qu'une ou deux fois ; il dormait dans quelque coffret hors d'atteinte, un tabernacle symbolique. Ma grand-mère, je le voyais, manipulait l'objet avec une ferveur autre que religieuse – mon autre aïeule, très pieuse, ne montrait jamais tant d'émotion. Cette croix lui avait été donnée par son époux à leur mariage. Bien des années plus tard, je la reconnaîtrais sur un portrait photo de la fin des années 1930 où le couturier se tient assise le visage résigné et comme vêtue en deuil ; s'en exhale un drame intérieur que le port de cette parure, message sombre et silencieux, vient accentuer. J'ai toujours connu la présence du chevalet dans sa chambre, allégorie d'une vénération perpétuée envers et contre tout. Ce bois touché chaque jour par la main du peintre avait valeur de relique sacrée. Nu, il symbolisait aussi le vide infini de son absence. Puis un grand format y fit son apparition un jour : l'artiste peignant torse nu, photographié de biais depuis l'arrière du chevalet. Sa maturité svelte et tannée, son air las reflétaient la moiteur des tropiques en ailleurs d'évasion irrémédiable ; le geste tourné vers sa toile, il ne nous regardait pas. Mais les émanations du grand absent pénétrèrent soudain notre quotidien : je vis surgir aux murs de toute la longueur de notre couloir – un demi-étage – des dizaines de tableaux qui tous parlaient de Tahiti. Des portraits de Polynésiens, des rivages aux ciels tourmentés, des pêcheurs, des chevaux sur la grève… Pourtant, les touches vives des couleurs du Pacifique n'empêchaient pas ces paysages, ces corps dénudés et superbes d'être peints de mélancolie. Le célèbre écrivain et critique d'art André Salmon y avait vu « un spleen décoratif et terriblement habile… ». Chaque jour nous traversions ce corridor dont ma grand-mère avait fait un musée, en offrande à son peintre qui n'était exposé dans aucun.

Alix avait rencontré Serge en 1934 lors du vernissage de son exposition *La Vie à Tahiti* à la Galerie Charpentier, cénacle d'art et de mondanités du Faubourg-Saint-Honoré. Séduite par les œuvres exposées, le couturier demanderait à rencontrer l'artiste. Ce fut le coup de foudre. Elle découvrait à 30 ans (l'âge d'une mère de famille d'alors) les affres délicieuses d'un printemps amoureux tardif.

Serge dégageait une séduction naturelle à laquelle son cœur succomba avec des naïvetés de jeune fille ; le peintre était un bel homme aux traits classiques, aux yeux vert sauge et à l'humour désenchanté. Il faisait partie des milliers d'exilés russes blancs que comptait Paris à l'époque ; ce fils de famille avait quitté sa patrie à 20 ans sous les balles, à pied et à tout jamais. Je découvris récemment qu'il avait laissé derrière lui une petite fiancée qui l'avait aidé à fuir ; il lui avait offert en ultime souvenir le tableau encore humide de deux roses. Ce passé tragique, sa noblesse d'origine, son art et l'exotisme tahitien formaient un tableau à la suggestion puissante et romanesque qui finit certainement d'emporter ma grand-mère. L'homme parle six langues et concourt au Rallye de Monaco, paraît-il… un aristocrate lettré et aventurier. Arrivé en France les poches vides, dépouillé par des gardes-frontières, il gagne sa vie dès les années 1920 comme illustrateur : ma grand-mère eut-elle jamais vent des dessins savoureusement pornographiques que l'être aimé avait réalisés pour l'*Aphrodite* de Pierre Louÿs ?

À leur rencontre, obstacle majeur, Serge est encore l'époux d'une décoratrice russe… sur le papier seulement : il a déserté leur maison du Vésinet depuis plusieurs années déjà pour s'installer en Polynésie, l'éden définitif de sa peinture. Le peintre ne revient exposer à Paris que deux fois par an, logeant Villa Alésia chez un compatriote d'une cité d'artistes désargentés. Alix croyait-elle pouvoir rendre captif cet exilé volontaire ? Cet écueil n'entame pas son désir d'union ; car elle ne veut pas d'une « vie à la colle » (l'union libre de l'époque), déshonorante et au rabais. Leur amour, elle le désire entier, sacralisé par un mariage ; ma grand-mère attendra trois ans cette victoire. Cette femme de tête s'est laissé vaincre par son cœur. Aussitôt le divorce de Serge prononcé (à ses torts), ils se marient. Sa découverte du rite orthodoxe lui fait embrasser l'univers d'une culture marquée par la nostalgie de grandeurs passées. Serge choisit pour témoin son ami russe de la cité Alésia et Alix son père, fort symbole. N'a-t-elle aucune amie, sœur ? Si, pourtant. Personne ne saura l'opinion de sa famille sur cette union hasardeuse avec un peintre émigré, pauvre et bourlingueur : Alix est alors un couturier fameux au succès florissant. Le repas de noces se tient chez Lucas Carton, à la Madeleine. Ce mariage qui n'avait rien de clandestin en prend pourtant l'aspect dès ses débuts : aucun entrefilet dans la presse, aucun faire-part dans les carnets mondains pour annoncer les noces de l'étoile montante de la Couture. Jamais je ne vis une photo de ce grand jour ni même des époux. Leur vie commune débute à l'écart des regards sous la verdure de l'avenue des Sycomores, Villa Montmorency. Le couturier a fait aménager un atelier pour son peintre, chacun a donc le sien. Serge doit s'accommoder de la présence de Muni, la filleule et muse de son épouse, dont il va exécuter un portrait. Ici encore, nul ne sait quelle atmosphère flotte dans cette curieuse maisonnée dont la troisième protagoniste n'est pas – comme dans la plupart des foyers bourgeois – une employée de maison. Car, par faveur de sa marraine, Muni est tout autre, membre assimilé d'une « famille » que le couturier s'est comme constituée bien avant l'arrivée de Serge : l'une des premières extravagances privées de ma grand-mère. Il ne semble pas qu'une fois mariée elle ait envisagé de loger son égérie hors de l'intimité conjugale : la présence de sa silhouette est le support irremplaçable de son inspiration. Mais le personnage de Muni, femme-enfant et affecté, peut agacer le masculin autant qu'il en affole d'autres. Deux mois passent et le peintre embarque au port de Marseille sur un cargo à destination de Tahiti.

De juin 1937 à fin 1938, il ne ferait que trois séjours de quelques semaines en métropole, l'un nécessité par une opération chirurgicale après laquelle il repart aussitôt : s'il y eut lune de miel, elle fut brève. Pour peindre, Serge doit être à Tahiti. En créatrice, Alix connaît la suprématie qu'impose l'art à la vie, elle admire chez son mari cette même exigence et croit en son talent. En épouse, elle a promis d'accepter la nécessité de ces éloignements. En femme, elle est rattrapée par le manque de l'être aimé et le lui écrit : « Je vais vivre encore combien de mois ainsi dans l'espérance de te revoir et la douleur de cette séparation ? » Avant Noël 1938 et un énième départ, ils partent goûter décembre dans le Midi, passent de douces heures sous les oliviers d'une pension de famille à Tourrettes-sur-Loup, Belle Terrasse. Bien trop tôt vient l'aube, où Serge gagne Marseille pour s'éloigner vers la Polynésie : ce Noël qui approche, elle le passera sans lui. Serge est parti à jamais et elle l'ignore encore. Jamais leurs retrouvailles n'avaient eu ce parfum particulier : Alix se sait enceinte. Elle n'a pas trouvé la force de le lui dire : l'amour désarme ce cœur d'ordinaire si déterminé. Car son époux ne veut pas d'enfant, des témoignages ultérieurs le confirmeront. A-t-elle passé outre sa volonté, espérait-elle le faire changer d'avis ? À peine le peintre a-t-il quitté l'hôtel qu'elle prend la plume pour lui annoncer de manière allusive ce qui déjà bouleverse son corps : « Que cette nouvelle année soit douce et facile. Peut-être aussi te réserve-t-elle le fruit de ton sang et de mon amour qui scellera nos deux vies… » Passionnée, anxieuse, un sentiment de perte prémonitoire la domine ; elle ne peut se douter que dix ans vont s'écouler sans lui, et pourtant : « Il me semble que ma vie doive s'arrêter bientôt et ce que j'ai peur [*sic*] c'est de fermer les yeux sans te voir. Il me semble que le Bon Dieu ne me punirait pas ainsi, et je lui demande toujours la faveur de te revoir encore. Pourquoi pensé-je cela ? Et ainsi depuis un an ! […] Écris-moi souvent Serge chéri, parle-moi, raconte ce que tu ne m'as pas dit. Tu sais comme j'ai besoin de toi… »

La découverte des lettres d'amour de ma grand-mère – un torrent de lignes serrées qui toutes parlent d'amour total et incompris, disent une âme dévastée par la passion – fut un choc. J'y découvrais une autre femme et l'évidence que cette passion, quel que soit son objet – amour ou création –, l'irradiait tout entière. Pour Serge et lui seul, elle était et signait Germaine, et non Alix. Jamais auparavant je n'aurais pu l'imaginer si totalement abandonnée à un amour dont la violence, cliché bien connu, aveuglait sa raison. Elle y était arrimée jusqu'aux limites du naufrage. Attendant un enfant, elle forma soudain le projet idéal d'une vie de famille auprès de Serge sous les tropiques. Ma grand-mère était prête à abandonner la Couture pour le rejoindre. (Son ami le couturier Lucien Lelong parviendrait à l'en dissuader.) C'est à cette rêverie qu'auraient servi les « économies » substantielles qu'elle gardait à l'abri dans une banque de New York : « Libres de vivre à notre guise nous aurons une maison, des cocotiers, un élevage que nous aurons gagné ensemble », sa délicatesse laissant croire au peintre qu'il y aurait contribué d'autant. Il semble que Serge l'ait auparavant incitée à puiser dans cette provende pour des futilités, ce à quoi elle s'était refusée jusqu'ici : « Tout est pour toi, tu le sais ; tout est à toi. Si j'ai l'air fâchée à ce sujet quelquefois c'est parce que je veux te le garder » – générosité qui, hélas, noyait trop évidemment l'orgueil du peintre sous la fortune de son épouse. De l'espoir au découragement, elle ne va cesser de lui écrire jusqu'en 1947, tentant de deviner l'explication de son silence, s'inquiétant de son bien-être, lui réaffirmant son amour. Il ne répondit guère. À la Maison Grès, Mademoiselle abat une discrétion de tombeau sur sa grossesse ; ma grand-mère fait fabriquer une table spéciale pour dissimuler son ventre. Le couturier refuse que cet événement ou qu'une rumeur sur l'éloignement prolongé du peintre n'induisent des supputations, n'entravent la marche habituelle du travail. Neuf mois qui ont passé n'ont pas changé la position du futur père. La guerre étant arrivée avec la naissance de sa fille et coulant des jours tranquilles sur les rivages tahitiens, Serge ne se donne pas la peine de se déplacer. Alix accouche seule à l'Hôpital américain de Neuilly ; c'est son père Raoul qui déclarera la naissance. Témoignage de son inébranlable loyauté, elle donne au bébé le prénom de la mère de Serge, Anne… Le cœur démuni par l'absence, ma grand-mère trouve alors réconfort auprès d'un vieil ami de son époux, affectueusement surnommé « Pope ». Elle séjourne régulièrement dans sa petite maison en baie de Somme – avec Serge elle l'y accompagnait avant-guerre à des parties de chasse. « Pope », Jacques Dufour, deviendrait plus tard son homme d'affaires à la Maison Grès et le parrain d'Anne. Certains voyaient en lui l'amant de ma grand-mère.

Durant ces années, son ardeur au travail, malgré les vicissitudes de l'Occupation, lui permet de surmonter son chagrin. C'est en chef de famille et seule encore qu'elle affronte l'Exode, Muni et ses vieux parents en remorque. *Semper fidelis,* le couturier va jusqu'à baptiser sa nouvelle Maison de la rue de la Paix du nom de l'absent : elle voit un emblème porte-bonheur à cette dédicace, clameur secrète de la constance de son amour. Elle tire de l'épreuve vécue à la fois honte et fierté – humiliation d'une épouse abandonnée enceinte par son mari légitime, fierté d'avoir donné la vie. L'expérience de la maternité et de ses émotions illumine son existence désormais. Sa fille est un vivant rappel de l'amour parti au loin qu'elle espère encore voir revenir puisque la guerre est terminée : « Elle est belle et tendre, solide et volontaire, intelligente et sensible, pleine de vie et de charme. Elle est ton enfant », écrit-elle à son mari, chavirée d'attente.

Quelles sont les réalisations de Serge à cette période ? Cela fait beau temps qu'il s'est installé dans la routine facile, glissante, de certains métropolitains d'outre-mer. Il habite et peint dans son faré – habitation traditionnelle tahitienne – au bord d'un lagon. L'artiste est une personnalité en vue du petit cercle des expatriés, milieu de fonctionnaires coloniaux et de propriétaires terriens où l'on se reçoit beaucoup ; il en rejoint à la loge maçonnique de l'Étoile. Serge retrouve d'autres

Russes exilés, nombreux dans le Pacifique, l'occasion d'évoquer la « Terre Mère ». Il reçoit ainsi la visite du poète russe Ievgueni Evtouchenko, chantre de l'âme russe. Jusqu'à son dernier jour, le peintre conservera précieusement un peu de terre de son sol natal dans un coffret. Après les années 1940, il ne connaît plus guère la faveur d'expositions en territoire international tandis que, de loin, il reçoit l'écho des succès de son épouse : « Elle a pris mon nom pour le mettre sur des vêtements », clame-t-il avec aigreur, volontiers pris de boisson. À d'autres moments, il évoque « Germaine » avec admiration – la réussite de son nom rejaillissant un peu sur lui-même. Serge vit au jour le jour sans véritable contrainte, à jamais hanté sans doute par les démons de l'exil et les traînant après lui. Cultivé et portant beau, le peintre entretient des liaisons successives avec des Tahitiennes, modèles ou danseuses, et des Européennes, s'affichant un moment avec la fille naturelle du poète anglais Rupert Brooke. Évidemment, ma grand-mère se doute de ses infidélités : « Dis-moi tout de toi. Tu peux me le dire même si tu dois me faire mal… » Inspiré de son peintre favori le Greco, son art tourmenté se gâche progressivement, dissous par le manque de travail et une propension à l'alcool. Pour vivre, il réalise de nombreux portraits sur commande des notables de sa fréquentation. Son pinceau, expression de l'âme tahitienne, s'appauvrit. « Oublie l'alcool mon petit

Serge et tout ce qui t'est nuisible. Pas de whisky ! » l'exhortait Alix dans une lettre, s'inquiétant de la déréliction de sa peinture.

L'amour dictait alors à ma grand-mère ses plus belles phrases sur sa vision du travail, inédites : « Donne-toi à lui, accorde-lui tous tes dons et ton intelligence et à force, ton courage, ta jeunesse, ta gaieté, la joie de vivre. Ton travail ne te trompera jamais. Il est le reflet de toi-même, du plus profond de toi. C'est ton miroir, c'est avec lui seul que tu as la vraie intimité des échanges secrets, l'abandon total. Il restera ton plus sûr ami dans les bons comme dans les mauvais jours, il sera ton soutien… » Une profession de foi écrasante pour le peintre. Lisant ces lignes, je retrouvai l'essence des recommandations qu'elle me faisait souvent ; je les écoutais avec le sentiment d'avoir un long chemin à gravir, s'il était un jour à ma portée…

Parmi la bonne société de l'île, Serge Grès se lie d'amitié avec le procureur de Papeete, Albert Billaud. Séduit par la beauté de son épouse qu'il surnomme « Nyushia », il en fait un majestueux portrait. Arrive l'après-guerre et la réorganisation de la magistrature : le procureur est rappelé à Paris. Le peintre, désireux de lui être agréable – et de montrer qu'il a encore quelques relations en métropole –, se fait fort de l'introduire auprès de son épouse, un couturier en vue dans le monde parisien. Lesquels familiariseront au-delà de ses espérances… C'est à cette époque que ma grand-mère reçoit une lettre (une seule) de son époux, qui s'était perdue au hasard de la désorganisation des services postaux. Si elle lui répond invariablement aimante et rassurée de le savoir en vie, elle s'avère usée par les tourments de la guerre et l'incertitude de le revoir un jour : « Chaque jour que Dieu me donne est pour toi, pour notre enfant. Je t'attends, fais ce que tu veux. J'ai déjà tant souffert, tant attendu. Peut-être ne me reconnaîtras-tu pas. Mes cheveux sont tout blancs et mon visage sûrement maigri, par les angoisses et le découragement. » Elle chancelle. Malgré ses supplications, jamais Serge ne consentira à répondre à cette simple question : reviendrait-il ou non, prolongeant une équivoque cruelle. Néanmoins la petite Anne réclame ce père qui lui est promis depuis des années – lui montrant sa photo, ma grand-mère tressait amoureusement ses louanges. Après l'abattement vient la lassitude, puis bientôt la colère. Ce qu'elle a enduré par amour révoltera son âme de mère face au désintérêt que Serge va manifester pour son enfant. Le peintre se rend à Paris pour une ultime exposition en 1947. Il voit sa fille, âgée de 8 ans, pour la première fois – il ne la reverra pas avant quinze ans. L'atmosphère est pesante : Germaine espérait que ces retrouvailles tant différées donneraient lieu à de tendres effusions… naïveté. Serge se disperse plutôt en soirées arrosées auprès de ses vieux compagnons de l'exil russe. « Cette atmosphère malsaine dans laquelle joyeusement tu te donnes et se perd le meilleur de toi » révolte son épouse. « Je hais l'oisiveté, cet alcool, ces plaisirs pervers, ces amitiés faciles d'une société médiocre et décadente », lui assènera-t-elle ensuite. Le sens du devoir... un gouffre qui les sépare et se révèle enfin.

Pendant ce séjour crépusculaire, ma grand-mère va tenter de faire appel à son honneur de père, au respect qu'il doit à son propre sang, à la grâce de sa fille, à son innocence d'enfant... prières et ultimatums qui restent vains. De l'auréole dont elle l'a paré ne subsistent que miettes ; le peintre va les disperser un peu plus. Arrive la date de son retour vers Tahiti : connaissant l'heure de son départ, le couturier écourte sa journée à la Maison Grès sans l'en avertir pour revenir le saluer une dernière fois. Comme pris en faute, la réaction du peintre qui la voit surgir à l'improviste lui confirme qu'il comptait filer à l'anglaise en son absence... Il était parvenu à l'éviter les jours précédents. Cette entrevue entre deux portes achève de le désavouer auprès de ma grand-mère, qui espérait de lui un « départ honorable », un adieu les yeux dans les yeux : « Tout est brûlé définitivement. »

Le destin, étrangement, lui avait présenté un mari offrant les tares que sa nature honnissait, l'inconstance, l'égoïsme, la nonchalance. D'ailleurs, quelles raisons avaient incité cet esprit sans attaches à se lier à elle par le mariage ? Il se raconte que c'était elle qui le voulait éperdument. Serge aurait pu s'enfuir. Encore foncièrement engagé dans sa peinture à leur rencontre, peut-être vit-il en cette femme créatrice le miroir de ses désirs d'absolu, qui finiraient velléitaires. Il n'y eut pas assez de place dans un seul foyer pour leurs deux personnalités, si également indépendantes et tranchées : leur union fut un brasier tôt éteint. Elle crut avoir trouvé un égal, lui prêchait un engagement total envers son art, il lui reprochait d'être nuisible à son œuvre. Flatté par l'amour de cette créature indépendante, il le fut certainement… un moment. Son exigence le fatigua vite. Son lignage d'aristocrate déchu lui taillait un habit d'apparat qui éblouit ma grand-mère : naïve, elle y voyait la noblesse du cœur. Des témoignages relatent qu'il était surtout misogyne, et n'avait que peu de considération pour la gent féminine. Ainsi à Tahiti, il congédia sa compagne, jeune danseuse de toute beauté, pour en prendre une autre plus âgée et moins attrayante : « Celle-là, disait-il, je suis sûr qu'elle ne me quittera pas… »

Scellant la fin de l'attente, le départ sans retour de Serge apaisa un tourment qui n'avait que trop duré. La période de l'humiliation consentie était close. Jamais ma grand-mère ne divorça ; sans doute souhaitait-elle préserver pour sa fille l'image d'un éloignement et non d'une désunion franche – peut-être se laissait-elle quelque espoir. Elle porterait son alliance jusqu'à son dernier souffle. Mais à 45 ans, Madame Grès vit le faste retour de la clientèle américaine dans ses salons. C'est à cette époque qu'elle fait la connaissance du procureur Albert Billaud, de passage à Paris – il est alors en poste à Dakar. En parfaite hôtesse, elle le reçoit avec son épouse et son fils adolescent lors de dîners raffinés rue de Franqueville. Le procureur va tomber irrésistiblement amoureux du charme d'Alix : ma grand-mère, qui n'était pas une briseuse de ménage, succombe pourtant bientôt. Femme mûre aux yeux de l'époque, elle affiche une allure que bien des jeunes femmes peuvent envier. Une silhouette mince et alerte, de jolies jambes et toujours ce fin visage que le turban vient souligner. Elle est exquise, spirituelle et d'humeur égale. Ce nouvel amour agit en orage de printemps qui dégage un ciel neuf. Son visage lui offre l'opposé de Serge : outre son attrait d'homme, une personnalité équilibrée qui incarne les qualités qu'implique sa charge, une stature de respectabilité à laquelle aussi elle aspire. Avec lui, elle redevient femme. Son fils m'apprit récemment leur histoire : je tombai des nues. J'avais rencontré vers 6 ans ce monsieur charmant que ma grand-mère surnommait « Pioul ». Leur complicité ne montrait à mes yeux que deux vieux amis enchantés de se retrouver. Rétrospectivement, cette révélation m'inspira une vraie joie : je savais que le destin avait fait battre le cœur de ma grand-mère de nouveau, qu'un autre homme l'avait rendue heureuse, et qu'elle n'était pas qu'une épouse inconsolée. Je compris aussi l'étrange métamorphose que connaissent ses portraits de l'époque. Elle y apparaît sereine, le visage éclairé de demi-sourires et s'adonnant à quelque jubilation secrète.

Leur liaison, d'abord clandestine, dure une quinzaine d'années. « Pioul » et sa famille passent des week-ends dans la maison de campagne du couturier à Bransles, près de Montargis, vaste propriété autour d'un moulin. Il la rejoint le soir rue de Franqueville, enfilant sa robe de procureur au matin, Madame Grès et le magistrat vont au cinéma l'après-midi comme deux jeunes gens en escapade. Ils partent en vacances à l'île aux Moines, sa terre d'origine ; elle est vite adoptée par toute la famille. C'est là que ma grand-mère se prend d'amitié pour son frère Charles et son épouse, qui deviendraient mes parrain et marraine bien plus tard (selon le principe des informations délivrées en pointillés, elle ne m'avait jamais expliqué que mon parrain était le frère de Pioul). Les amants se retrouvent dans les Pyrénées, à l'écart du monde : Albert songe à y acquérir une maison proche de celle d'Alix. Ma grand-mère s'envole vers Dakar pour le rejoindre au bord de l'océan. Mais plus que leur liaison, quand le désir d'Albert de divorcer de son épouse éclate au grand jour, il provoque un séisme dans sa famille, catholique. « Nyushia » refuse le divorce.

Les amants attendront en vain que le temps change sa disposition. Les convenances et l'impasse dans laquelle ils se retrouveront peu à peu mettront fin à la relation amoureuse de ma grand-mère, qui ne voulait pas d'une situation de demi-mesure et se refusait sans doute à faire souffrir une autre femme.

De loin en loin et les années passant, Madame Grès ne rompra pas tout contact avec celui auquel elle doit son nom et son enfant. Le peintre l'ignore, mais c'est ma grand-mère qui fait acheter discrètement ses tableaux afin qu'il ait de quoi vivre. Un sursaut de fierté lui fera remâcher avec colère la nouvelle de sa liaison avec le magistrat – le destin avait voulu qu'il les ait présentés par-delà l'océan. Serge a perdu de sa superbe tout comme sa peinture, il boit trop. Son âme russe est un peu plus rattrapée par la nostalgie ; il a même accroché au mur des photos de sa fille. Il montre volontiers aux hôtes de passage le coffret contenant un peu de terre de Kiev. C'est un reliquaire au-dessus duquel il étreint une dernière fois ses compatriotes qui quittent définitivement l'île, cérémonial où chacun verse des larmes. Tahiti, sa terre d'exil, est devenue une terre d'échouage. Lorsqu'il souhaite offrir au musée des Arts africains et océaniens de Paris l'une de ses sculptures, un splendide buste de Tahitienne en plâtre, ses échanges avec le directeur se déroulent par l'entremise de son épouse – son nom ouvre les portes. Ma grand-mère prend généreusement à sa charge le coulage de la sculpture en bronze chez un fondeur parisien : elle estime que la beauté de l'œuvre mérite mieux que le plâtre. J'ai retrouvé une lettre qui témoigne de manière navrante du besoin de reconnaissance de l'artiste : à l'occasion de ce don, Serge réclame au fonctionnaire embarrassé son appui pour une demande de Légion d'honneur. À l'évidence, son orgueil tolérait mal que Germaine l'ait eue avant lui-même : il crée de l'art, elle fait des « vêtements ». Mari et femme se retrouvent une ultime fois en 1965 aux noces de leur fille. Son voyage vers la France est une traversée à la rencontre de ce passé qu'il préférait laisser derrière lui. Il va devoir affronter une société qu'il a fuie, la réussite de son épouse, visible, symbolisée par son manoir et tous les hôtes de marque invités à la cérémonie. La Bégum, épouse de l'Aga Khan, est conviée. Amaigri et le visage émacié, que Serge a vieilli ! Seul son maintien lui permet de faire bonne figure. Ma grand-mère lui avait-elle fait faire son impeccable complet sombre ? Son nœud papillon, maigrelet, est de travers. Sur les clichés du mariage, il se tient presque hautain, le regard absent de la gaieté environnante ; sur ceux des réjouissances il n'apparaît nulle part. L'on sent quelque crispation sur les images des anciens époux côte à côte, même si ma grand-mère arbore le visage de la civilité. Selon certains témoins, il passait beaucoup de temps en compagnie d'une bouteille de whisky.

Un jour de 1970, alors qu'il sort de chez lui dans sa jeep, un autre véhicule le heurte de plein fouet. Il meurt une semaine plus tard sur un lit d'hôpital. Dans la pièce où il peignait était affichée près de son chevalet la photo d'une petite fille brune et bouclée, jouant avec une roue ornée de boules multicolores… sa petite-fille : « La roue tourne » avait-il dit, fataliste, à mon oncle venu le visiter. Le peintre fut enterré sur son île. Il repose au cimetière de la pointe des Pêcheurs aux côtés de ceux qu'il aimait tant représenter, à quelques mètres du Pacifique Mon jeune âge de l'époque ne me laisse aucun souvenir du choc qui frappa ma grand-mère à l'annonce de cette mort accidentelle. En dernier hommage, elle fit acheter tous les tableaux qu'avait en réserve le galeriste du peintre, selon l'estimation que son cœur évaluait à 120 000 dollars d'alors. Cette somme – une petite fortune pour un insulaire, elle la versa à la dernière compagne de Serge, une ancienne danseuse des ballets de Tahiti, pour lui permettre de vivre décemment. Ce geste affirmait la grandeur d'âme de ma grand-mère, qu'aucun ressentiment inutile ne pouvait animer envers la gardienne des derniers instants de son époux, veuve comme elle. Je n'ai jamais su si elle s'était rendue sur la tombe de Serge. En Russie cependant elle se rendrait de nouveau, pour découvrir de ses propres yeux la page d'état civil où demeure une trace indélébile de Serge. Une photo garde l'image de son index pointé sur les caractères cyrilliques de son acte de naissance.

Le couloir de notre appartement n'était autre que le chemin de retrouvailles qui n'avaient jamais eu lieu. Peu après l'accrochage de ces tableaux, une quantité de cartons posés pêle-mêle apparut dans son atelier. Je voyais en dépasser de vieux calendriers des postes illustrés de paysages exotiques, des journaux jaunis aux titres inconnus, des quittances aux noms dépaysants et, en soulevant les rebords, d'autres calendriers… illustrés de femmes dénudées. Que faisait là tout cet attirail au parfum d'ailleurs, de Polynésie ? C'était la paperasse de mon grand-père, insignifiante, mais qui resta de longs mois près de ma grand-mère comme des traces dont elle ne pouvait se défaire trop tôt. S'il persistait aux yeux du monde une preuve manifeste de son mariage, c'était son alliance. Je la possède aujourd'hui et la mets parfois. Anneau de vermeil usé, elle témoigne du peu de moyens dont disposait Serge au moment de leurs noces, qui n'a pu acheter d'alliance en or. À l'intérieur sont gravés leurs deux prénoms (mais Alix et non Germaine) et la date de leur rencontre. Il n'est pas difficile d'imaginer que ma grand-mère espérait le revoir un jour. Ils auraient pu, le temps dissipant l'amertume, se remémorer ensemble le passé et se parler mieux qu'ils ne s'écrivaient.

Madame Grès et sa fille Anne.

Chapitre 7

Images d'une enfant unique

L'intimité de ma grand-mère révélait pour finir une sélection d'images qu'il m'était facile d'identifier, révélatrice de son ravissement maternel : les portraits d'Anne, ma mère. Tirés d'une masse d'archives photographiques qui devait dormir précieusement conservée quelque part, ils évoquaient un passé lointain qui ne connaissait pas encore la photo couleur. Des temps enfuis depuis vingt, trente ans, mais qui ne l'étaient pas à ses yeux, lui parlant toujours de l'enfant rêvée qu'elle avait mise au monde, d'un idéal selon son cœur. C'était surtout une vision à laquelle ma grand-mère ne pouvait renoncer, celle d'une icône de candeur figée intacte. Malgré elle, ces tirages bien choisis témoignaient d'une obstination au « contrôle de l'image » où sa manière récurrente d'ombrer la vie induisait un principe : ce qui n'est pas apparent n'existe pas. On aurait cherché en vain quelques instantanés du temps présent capturés lors de réceptions ou de réjouissances conviviales, le genre de clichés qui trônent chez les familles à la sociabilité en vue. Ce n'étaient qu'images posées pour le photographe.

Se détachait au mur le portrait d'une fillette de 5 ans à l'air un peu perdu, au cadrage « photo d'identité » agrandi ; de ses yeux rêveurs elle fixait un point hors champ en serrant contre elle un petit cheval en peluche – ma grand-mère se souvenait qu'elle ne voulait pas le lâcher. Je reconnaissais sur elle la petite blouse claire à col Claudine que je portais au même âge : le couturier n'avait guère varié son approche de la mode enfantine en trente ans. Je parviendrais à dénicher d'autres clichés de la même série, où mère et fille posent ensemble. Coiffée d'un turban sombre, ma grand-mère regarde au loin elle aussi, digne et impassible. Mais derrière cette prise de vue a priori banale se cachait autre chose, le message d'une épouse délaissée à son mari. Ces portraits avaient été réalisés pendant la guerre à l'intention de Serge pour les lui envoyer à Tahiti – une bouteille à la mer. Les regardant, j'y sens une plainte silencieuse, voire l'idée d'un reproche. Les yeux de cette petite fille, ne trahissent-ils pas l'attente de son père ? Son visage reflétait ce que ma grand-mère chérissait chez son enfant : l'innocence et la grâce, émouvantes ; ma mère semblait si douce et gentille, elle avait cette joliesse que je ne me trouvais pas. Je me demande aujourd'hui où se cachaient (mais y en avait-il ?) les albums fournis que j'aurais aimé compulser comme je le faisais chez mon autre grand-mère, me perdant dans le paysage évocateur des physionomies d'antan. Chez nous n'apparaissaient que des vignettes triées avec soin, environnées d'un « blanc » opaque, trop muet. Face aux photos de sa fille Anne, est-ce nécessaire de le dire, je voyais ma grand-mère très fière ; à mes yeux, elles rayonnaient d'un éclat presque divin. Son sourire créait l'enchantement. Elle me montra un jour un large portrait d'elles deux assises face à face et se regardant l'une l'autre, qui devait dater des années 1950. Anne était encore une adolescente en jupe plissée à l'air modeste, les mains croisées au genou, avec une longue chevelure bouclée que je ne lui avais jamais vue ; et ce profil pur, une posture bien droite que lui avait donnée la danse : tout ce que ma mère dénigra quand mon enthousiasme commit l'erreur de l'évoquer. Pourtant je n'y décelais rien d'autre que l'amour du sourire de ma grand-mère, couvant du regard sa progéniture qui lui souriait en retour. Ce double portrait posé mais informel semblait faire écho à ceux de grands entrepreneurs avec leurs héritiers : effigies d'une réussite et de sa descendance, supposée prometteuse.

J'aperçus une fois au gré de ses rangements un grand format raide et corné dont je ne reconnus pas aussitôt les visages, trop éloignés de notre époque : une femme rieuse au chignon noir un peu négligé, tenant dans ses bras un gros bébé hilare ; c'était Madame Grès et sa fille… Petite et floue, une autre image émergeait de cette scène de maternité heureuse : la jeune mère montrait quelque chose à son bébé. Quelques secondes me furent nécessaires pour reconnaître la photo de Serge – elle n'imaginait pas que j'aurais remarqué ce détail qui passait inaperçu. Je découvrais là une grand-mère insoupçonnée, la vraie couleur de ses cheveux, le naturel sans apprêt de ses sourcils fournis et de ses dents imparfaites, touchants de normalité. Cette représentation d'un bonheur lié à des années funestes se devait certainement de rester cachée. D'autres menus éléments poursuivirent secrètement le fil de ma mémoire. À la vingtaine, je reconnus chez ma mère le tissu fané d'un fauteuil vu sur cette photo noir et blanc, en réalité couleur sang-de-bœuf à fleurettes blanches. Plus récemment s'élucidèrent d'autres énigmes : où avait-elle été prise, par qui ? Notre cousine me remit un cliché pris dans le même décor, avec le même angle de prise de vue : le bébé dans les bras de son grand-père Raoul. « Cela te revient », déclara-t-elle : au dos, le cachet d'un photographe célèbre de l'époque, François Kollar. Il était donc venu en 1940 jusque dans les Pyrénées (où la famille était réfugiée) pour immortaliser le couturier en jeune mère. Ce reportage serait publié en 1941 dans *Vogue USA* mais non en France – discrétion, toujours.

Ma grand-mère pensait tout naturellement que l'âge venu, je rejoindrais le monde auquel elle appartenait, une sphère de haute volée : il n'en fut rien. C'est sans doute avec cette arrière-pensée qu'elle me montra encore un tirage qui m'éblouit : ma mère photographiée au Bal des Débutantes. Elle m'expliqua qu'à 20 ans les jeunes filles – toutes, dans notre univers, faisaient ainsi leur entrée dans « le Monde » – nymphes fraîches écloses présentées à leurs pairs : vision de ma mère, jeune créature descendant en majesté un large escalier au milieu d'autres beautés, toutes en robe de bal immaculée... C'était à Versailles. Avec un peu d'envie, je pensais confusément à la chance qu'elle avait eue : porter une robe créée spécialement pour elle par sa mère, Madame Grès, et me disais qu'aucune autre ce soir-là n'avait ce privilège. Mais s'en rendait-elle compte ? Le décolleté – modeste –, et le bouffant du taffetas mettaient en valeur sa beauté brune, la douceur de ses épaules. Des bijoux discrets et une coiffure sans artifice, rien dans cette simplicité ne traduisait le degré de magnificence de la position de ma grand-mère : c'est ainsi qu'elle voulait sa fille, jugeant que son éclat naturel primait tout. Cependant quelque chose m'intriguait : malgré la splendeur des circonstances et mon œil juvénile, je voyais bien que la « Débutante » qu'était ma mère affichait une expression en décalage avec ce moment de consécration, belle mais renfrognée. Toutes les jeunes filles ce soir-là vivaient « leur » grand jour, mais Anne semblait vouloir être ailleurs, non pas intimidée mais rétive ; ma grand-mère ne paraissait pas le voir. Sa fille lui offrait aussi des photos d'elle-même. Une seule était présente à son chevet, prise en Égypte et la montrant sereine et souriante, voguant au soleil couchant du Nil et coiffée d'un turban (oriental)… Image aussi paisible que l'eau qui dort.

Dès la naissance de cette enfant – et même avant, sur son berceau chargé de promesses, étaient penchées deux femmes : sa mère et Muni. Jusqu'à son adolescence Muni serait là. Mais que révélait ce nom furtif, deux syllabes qui s'ébauchaient dans mon enfance avec gêne, voire contrariété ? J'avais seulement compris que ma grand-mère évitait ses appels téléphoniques ou les écourtait ; aucune image visible d'elle n'existait dans notre environnement. Cette figure énigmatique me fut rappelée inopinément par mon père, qui s'exclama devant sa télévision dans les années 1970 en la reconnaissant durant un épisode de *Maigret** qui se déroulait sur la Côte d'Azur. Quelle ne fut pas ma surprise de

* Épisode *Liberty Bar*, diffusé en 1979. Maigret est interprété par Jean Richard.

découvrir sous ce nom, dans l'atmosphère poisseuse des bas-fonds chers à Simenon, une toute petite femme usée aux intonations geignardes ! Elle y incarnait dans mon souvenir un rôle mineur. Quel rapport cette silhouette transpirant le délabrement pouvait-elle avoir avec mon auguste grand-mère ? J'osai négligemment une question un jour, qu'elle éluda d'une phrase évasive : « C'était une si belle créature… », ne l'évoquant plus jamais ensuite. Quand enfin une photo me démontra sa beauté, mes yeux peinaient à croire qu'elle n'était autre que l'actrice apparue dans *Maigret*.

L'inconnu est de mise quant aux circonstances précises de sa rencontre avec l'artisan de son destin, la créatrice Alix ; cela se passait dans les années 1930. Muni était née à Madagascar d'une nombreuse fratrie engendrée en partie hors mariage. Très tôt veuve, sa mère avait débarqué à Marseille pour s'y installer avec une partie de ses enfants. Muni « monta » très jeune à Paris pour échapper à sa condition modeste. Ayant pratiqué depuis l'enfance les danses traditionnelles de son île natale, elle commença une carrière de danseuse exotique. C'était, pendant l'entre-deux-guerres, un type de spectacle très couru où les Européens découvraient les « beautés coloniales ». Elle fut sans doute remarquée à cette occasion par ma grand-mère, en jeune couturier déjà amoureuse de la danse et des physiques « exotiques » – c'était une spécificité ethnique inédite alors parmi les mannequins de la Couture, où affluaient plutôt les jeunes femmes russo-polonaises. Si la belle Muni approchait les 22 ans, elle gardait l'éclat d'une très jeune fille. Je constatai récemment qu'elle s'était volontiers rajeunie d'une bonne dizaine d'années, évaporées dans le flou des générations. Née en 1911, son âge réel aurait pu être celui d'une petite sœur de ma grand-mère. Attendrie sans doute par sa vulnérabilité, Alix prend sous son aile cette jeune orpheline désargentée que ses charmes mettent à la merci des « dangers » de la capitale, et la présente autour d'elle comme sa filleule. Au-delà d'un élan de bienfaisance passager, elle la prend à sa charge, l'héberge, l'habille, entreprend de l'introduire auprès de ses connaissances de la scène et des arts pour favoriser sa carrière : Muni prend des cours de théâtre avec Louis Jouvet. Mais c'est en couturier que ma grand-mère lui offre son rôle le plus sûr, faisant de sa silhouette délicate son initial de création. Le naturel de sa beauté hybride (son père était originaire de l'île Maurice) et son corps délié par la danse fonderaient son inspiration pour deux décennies. Alix s'est découvert une muse qui incarne son idéal de grâce féminine originelle, un thème de prédilection auquel viendraient bientôt se lier les Tahitiennes des tableaux de Serge. Si Muni est disponible à toute heure du jour pour servir sa main de sculpteur, elle la suit aussi au fil des années au plus près de ses pérégrinations publiques et privées. On les voit ainsi croquées ensemble dans une galerie d'art sur un dessin de l'illustrateur de mode Roger Rouffiange…

Selon sa pente naturelle, ma grand-mère va placer en Muni le type de confiance sans limites qu'elle montrerait à d'autres élus – elle était ainsi faite. Elle lui déléguera le soin de son nouveau-né car elle ne cesse guère de travailler après sa naissance ; elle en fera sa marraine. Muni, qui s'est tôt occupée de ses petits frères et sœurs à Madagascar, est expérimentée en la matière. Quand arrive la guerre et que les Allemands se précipitent sur Paris, le couturier en séjour dans les Alpes lui envoie par courrier ses instructions : « En cas de gravité, prendre des lainages, de la nourriture en conserves, des médicaments… » Et, témoignage d'une foi absolue en sa loyauté, lui indique où trouver la clé de son coffre-fort afin qu'elle emporte l'argent nécessaire à un départ précipité. Elle lui enjoint de rejoindre la Touraine : visiblement bien informée, ma grand-mère sait déjà que le gouvernement s'y repliera quelques jours plus tard. Elle n'avait guère de secrets pour sa filleule, présente elle aussi à Tourrettes-sur-Loup lors du dernier séjour de Serge ; assistant à son départ, elle sanglote aussi bruyamment que s'il avait été son époux. Dans les Pyrénées, c'est grâce à sa présence que ma grand-mère peut poursuivre sa création, épinglant ses toiles sur des mannequins bricolés en fil de fer rembourrés de crin de cheval. La place qu'occupe Muni excède celle d'un modèle de prédilection. C'est une compagnie fidèle et inconditionnelle, à ses côtés dans les bons comme dans les mauvais moments – modèle, nurse, dame de compagnie. Alix l'exprima dans ses lettres à Serge : « Je ne sais pas comment j'aurais fait sans elle... » Le mannequin montre une nature naïve, exubérante, mièvre parfois, une diversion rafraîchissante que son autorité bienveillante tempère. La jeune femme lui est totalement acquise, position où seul le jugement de valeur de sa « marraine » prévaut en toutes choses. Ma grand-mère put compter sur Muni car, à l'inverse, que serait devenue sans elle sa « créature » ? Muni lui fit un tel don d'elle-même que le couturier lui montra longtemps une indulgence à toute épreuve.

Mais dans les années 1950, celle que la presse avait surnommée « le mannequin dansant » papillonne, boit et s'épaissit. L'après-guerre a offert à l'inspiration de Madame Grès un nouveau modèle féminin, jeune, élancée, blonde : Christiane. Muni se perd, pratique la magie blanche, souvenir de Madagascar. Ébruitée, sa tentative pour entraîner dans son lit le neveu de sa bienfaitrice, âgé de 14 ans, a servi sa disgrâce... Le modèle a traîné les cœurs après elle, faillit épouser le plus célèbre chroniqueur de mode des années 1940, Lucien François, puis un prétendant en Inde, a flirté avec Maurice Chevalier et bien d'autres. Quelle influence a-t-elle eue sur Anne, sa filleule ? Elle connaît un moment de gloire en interprétant une pièce d'André Gide adaptée du poète indien Rabindranath Tagore, où elle joue un jeune garçon. Lui confiant souvent le soin de ses vieux parents, ma grand-mère découvre qu'elle les néglige : chargée par le couturier de remettre à Raoul la somme d'argent qu'elle lui verse chaque mois, Muni « oublie ». De guerre lasse, ma grand-mère va l'éloigner, lui achetant une maison à Garches (Hauts-de-Seine) où elle s'installe avec son neveu. Le réalisateur Luis Bunũel lui fait interpréter des rôles de domestique dans plusieurs films, *Le Journal d'une femme de chambre* (1964), *Belle de jour* (1967), *Le Charme discret de la bourgeoisie* (1972). Sa période faste n'est qu'un souvenir : à court de liquidités, elle monnaye des tableaux de Serge. Quelques apparitions au théâtre avec Claude Régy ne lui permettent pas de vivre, ses demandes d'argent au couturier sont récurrentes – Muni entretient également son neveu. Pensionnaire un temps à la Comédie-Française, ses éclats et son alcoolisme la font renvoyer. Déchue mais intraitable, Muni exigeait de ne porter sur scène que les blouses couvrantes faites pour elle par sa « marraine ». Ainsi finira sa beauté sombre, ravagée par un flétrissement qui semblait impossible.

Je l'ai rencontrée à l'adolescence lors d'une singulière journée de réjouissances familiales au château de mon beau-père, dans l'Yonne. Muni, ruine exaltée et prise de boisson qui vivait dans un autre monde, où surnageait le vestige de grandeurs vécues à l'ombre de ma grand-mère. Celle-ci l'avait emmenée jusque-là avec son chauffeur : un long trajet en voiture dont je me demandais quelle en avait été l'ambiance, voyant sortir du véhicule leur étrange attelage – l'impassible couturier au turban suivie d'une figure en toupie affaissée dans sa cape. Au cours du repas, je notai la gêne de ma grand-mère à sa mine soucieuse et son mutisme inhabituel, comme aux aguets. Il ne fallut pas longtemps avant que la pauvre Muni, trop vite ivre, élève la voix en sorties incohérentes. Elle fut raccompagnée à la voiture où elle passa le reste du repas. Ce jour-là, elle encombra ma mère de démonstrations d'affection à l'emphase déroutante et m'accabla de flatteries enfantines, me promettant un avenir grandiose. Moments surréalistes et pathétiques. Lorsque je voyais ma grand-mère de l'autre côté de la table, rien ne transparaissait de l'exceptionnel lien qui les avait attachées l'une à l'autre sous le sceau de la création. Le couturier avait modelé une créature aux fondements fragiles, un archétype dont Muni n'avait jamais pu se libérer. En bienfaitrice excessive, elle avait gâté le fruit de sa découverte d'habitudes immodérées l'ayant rendue dépendante, puis parasite de sa fortune. Il avait dû se produire quelque trahison, un excès définitif, pour que ma grand-mère, lassée, lui enlève sa fidélité. Lui restait une contrariété irrésolue où j'entrevoyais la pitié, qui lui interdisait la facilité d'effacer le personnage de Muni, sachant le gâchis de son destin.

Madame Grès n'avait qu'une fille. Comme elle, certains privilégient des êtres chers la face lumineuse, occultant le reste. À son imitation, l'enfant que j'étais agissait de même. Le sourire de ma mère, plus franc et lumineux qu'aucun autre, marquerait le cœur et la mémoire de certains jusqu'à aujourd'hui. Pensant à elle, c'est lui que je retrouvais omniprésent, brefs souvenirs vécus ou photos : chaque image confirmait la précédente, sans fausse note. Regarder sa photogénie telle que l'appareil l'avait figée avait le pouvoir d'abstraire de mon jeune esprit la réalité : c'était une furie. Les sourires peuvent être des astres trompeurs. Toutes les menues louanges qu'elle me répétait à son propos, ma grand-mère souhaitait aussi m'en persuader, permettre à sa petite-fille l'oubli, l'espoir : candide, je rêvais ma mère. Il y avait eu l'éloignement définitif de Serge, bénéfique, et l'attente d'Anne enfant, nourrie de non-dits : un mécanisme similaire se reproduisait avec moi, où ma grand-mère, hélas impuissante face aux humeurs de sa fille, ne maîtrisait pas tout. Mais d'où étais-je née ?

Le geste qui lui fit ouvrir un vieil exemplaire du magazine *Vogue** demeure un instantané d'ébahissement mémorable. Qu'y avait-il en son milieu qui méritât qu'elle m'y intéresse ? Mon père et ma mère… Je fus subjuguée par leur apparition flottant sur le papier doucement terni. Elle offrait une coïncidence d'harmonie stupéfiante avec le noir et blanc du reportage, leurs cheveux aussi noirs que les lignes de texte, leur vêture blanche à tous deux comme le fond des pages : je croyais presque que ma grand-mère avait ordonné tout cela. L'article s'intitulait « Jour de joie à Port-Béni – Madame Grès marie sa fille. » Pour la première fois je voyais mes parents réunis : une révélation. Ma grand-mère me mettait sous les yeux l'iconographie d'un récit originel dont elle avait été le témoin et l'artisan, aux allures de conte de fées irréel : des images volées à une rêverie aussitôt évanouie. Il y avait là un condensé de fraîcheur et de bonheur virevoltant comme les oreilles du petit teckel que l'on voyait gambader autour des jeunes mariés. Et un moment de grâce éclairé à contrejour où ma grand-mère, turban immaculé et manches courtes, ajuste avec un regard de concentration tendre le voile

---

* *Vogue Paris*, octobre 1965, et *Vogue New York*, novembre 1965.

de sa fille : à travers la gaze légère se découpent la netteté de son profil, la transparence désarmante de son regard vert ; elle a au front une couronne de fleurs blanches. L'on pourrait croire que le chroniqueur a surpris la simplicité d'une noce de campagne, les fiancés main dans la main sur le petit chemin bucolique qui mène à l'église : ils se tournent à demi en souriant, l'unisson de deux visages que je n'avais guère vus ensemble. Peut-être ma grand-mère souhaitait-elle me faire comprendre que j'étais née de cet instant-là, qui avait existé. Madame Grès avait créé pour ce jour champêtre une robe trapèze à manches courtes, caressée d'un organza transparent semé de fleurs virginales, qui semblent vraies. Acide, ma mère m'indiquerait avoir eu recours à des injections amaigrissantes pour parvenir à la mettre (sa silhouette, en dépit des compliments maternels, était son principal sujet de préoccupation). En chef d'orchestre, le couturier avait décrété que le jeune époux devait être lui aussi vêtu de blanc, cravate et mocassins y compris, cet immaculé irréprochable symbolisant la pureté jumelle de deux cœurs neufs au premier jour de la vie commune ! Leur ravissement sincère accrochait mon regard : mon père gauche et dégingandé, à l'émotion touchante, et ma mère d'une gaieté sereine. Il restait un peu d'enfance dans ce visage que ma grand-mère aimait tant et qui m'était étranger, où des sourcils intacts, fournis, magnifiaient ses yeux clairs.

Ni l'un ni l'autre – encore moins ma grand-mère – n'évoquèrent pour moi la vraie joie de ce jour, dont pourtant *Vogue* faisait l'éloquence. Les jeunes gens s'étant rencontrés à 20 ans, c'était un mariage désiré auquel le couturier donnait sa bénédiction... six ans plus tard. Anne devenue jeune fille, Madame Grès s'était certainement méfiée d'éventuels coureurs de dot alléchés par sa renommée. Aurait-elle espéré que sa fille convole avec l'un des fils du docteur Billaud, amoureux transi qu'elle dédaignait ? Prudente, elle avait désiré mettre à l'épreuve ce garçon présenté par sa fille, qui n'était pas de son milieu : rencontrant ses parents, père ingénieur et son épouse fervente catholique mère de famille nombreuse, elle avait été rassurée par ses valeurs morales. (Paradoxe ironique, le père du futur époux n'avait pas vu d'un bon œil ce projet de mariage, jugeant les manières d'Anne et de sa famille trop extravagantes pour une union heureuse.) Elle voulait aussi éprouver sa fille, sachant d'expérience que l'engouement facile de sa jeunesse se prenait de passions variées qu'elle délaissait quelque temps plus tard : ce serait sa vie durant. Mère soucieuse, elle s'était tôt inquiétée pour son enfant, sa santé, la protégeant de tout avec excès. Elle adorait grimper aux arbres : ma grand-mère craignait surtout qu'elle ne se casse une jambe. « Elle était comme un petit animal », m'expliquerait-elle. Un tempérament délicieux mais rétif : du tempérament – mais ce n'était qu'une enfant. Anne n'avait guère le goût de l'étude, ses adorables lettres se truffaient de fautes à l'âge où les autres enfants maîtrisaient l'orthographe. Le couturier s'attendrissait de son âme d'artiste, de son imagination fertile et d'un don certain pour les activités manuelles. Elle devint un cas épineux pour la maison de placement qui adressait à Madame Grès des gouvernantes rendant leur tablier les unes après les autres en raison du caractère arrogant de l'écolière. Ma grand-mère passait beaucoup à cette enfant, vite désarmée par le tendre profil ressemblant trait pour trait à Serge ; elle se tourmentait beaucoup de l'absence d'un père auprès de sa fille. Lucidité ou erreur de mère, elle interceptait le petit courrier qu'Anne écrivait au peintre, l'enfant ignorant que son père se désintéressait totalement de son sort – ayant appris adulte le sort de ses lettres, elle en garderait durablement grief à sa mère. La fillette était gâtée et entourée de tous côtés, par son parrain, Muni, par l'affection maternelle et ses connaissances. Si, durant les restrictions d'après-guerre, son futur mari est un petit garçon qui compte les petits pois dans son assiette, Anne reçoit de son côté de nouveaux rails pour son train électrique.

Lorsque survient l'adolescence, ma grand-mère prend conseil auprès de ses amis bretons et de leur bon sens : ils élèvent plusieurs garçons, Anne leur est familière, accueillie en vacances par la tribu à l'île aux Moines. Résolue à faire preuve de fermeté, Madame Grès l'inscrit au collège des Ursulines de Vannes, un établissement dont l'enseignement et les principes feront d'elle une jeune personne irréprochable, espère-t-elle. Elle ne se doute pas des incartades de sa fille, qui dès qu'elle rejoint la petite bande de jeunes de l'île aux Moines n'a de cesse de courir après les garçons, qui la fuient, moqueurs et agacés de sa prétention. Je pense que ma pauvre grand-mère n'a jamais connu certains détails qui m'ont été racontés... Et comment, à 15 ans, Anne se démenait pour se rapprocher d'un garçon qu'elle convoitait, en vue non d'une promenade romantique sur la plage, mais de son dépucelage – cela se passait dans les années 1950 : après ses gouvernantes, un cas devenu également épineux pour sa mère, si soucieuse des convenances. Fine observatrice, le couturier se rendra à l'évidence : dans son dos, sa fille s'évertue à faire tout ce qu'elle lui interdit. C'est pourquoi elle la fait encore accompagner à 20 ans par un chaperon lors de ses sorties. Ma mère affirmerait, des années plus tard : « Je me suis rendu compte que tout ce qu'elle m'interdisait était "bon", donc je le faisais. » La veille de l'épreuve du baccalauréat, la lycéenne omet sciemment de déclencher la sonnerie de son réveil, provocation ouvertement destinée à sa mère. Plus qu'un acte de rébellion, cette inconséquence puérile révélait les premiers paroxysmes de son tempérament.

Quinze ans plus tard, en vacances chez mon père, j'avisai dans une armoire vitrée un gros album noir ; n'ayant ce jour-là personne pour scruter mes faits et gestes, je l'attrapai et l'ouvris : surprise, il recélait pléthore de photos de mes parents, juvéniles ! Pour quelle raison mon père remarié, qui considérait le clan Grès comme « l'ennemi », avait-il conservé ces reliques d'un temps qu'il voulait oublier ? Estimant qu'il me revenait de droit, je le fourrai aussitôt au fond de mon sac : ce vol passa inaperçu. Enfin, pensai-je, j'en saurais un peu plus à leur propos. Plus tard je compulsai avec avidité ce journal en images, parfumé de bonheur, que ma mère avait tenu de leur rencontre à ma naissance : banal et enchanteur ; j'y retrouvais enfin le baume du sourire maternel que je n'avais cessé de quêter. Je restai sur ma faim en constatant qu'il n'y avait comme seule image de leur enfant qu'une minuscule chose chevelue, vue de loin dans une chambre de clinique. Quelques pages en arrière, le sourire de ma mère enceinte était crispé. Peu après je mis la main sur une reliure blanche peu banale, un épais format à l'italienne matelassé en losanges :

l'album du mariage de mes parents traînait au milieu du fatras d'un déménagement. Je crus reconnaître dans son raffinement moderne la patte de ma grand-mère, que j'imaginais présidant à son choix dans un magasin de qualité. Témoignage d'un grand jour de sa vie de mère, elle en avait fait distribuer les exemplaires aux convives de la noce. Enfin il m'était donné de contempler l'arrière-plan panoramique de l'article de *Vogue*. J'y découvrais Madame Grès en belle-mère avenante, en cousine riant aux éclats, je la devinais chorégraphiant le ballet des réjouissances, heureuse que le petit monde présent ce jour-là assiste à l'avènement de sa fille. Au milieu du cortège qui défile devant la foule villageoise, Muni, vêtue d'une robe drapée courte de Madame Grès et escortée de son neveu, a le visage caché par des lunettes noires. À la réception se tenant dans la cour de son manoir, où les invités s'interpellent au soleil, se prêtent au jeu des photos, où le jeune couple rayonne, qui aurait prédit qu'à peine quatre ans après, ce mariage n'existait plus ?

Au sujet de ces années, les écoutant chacun énoncer leurs récriminations floues, ma grand-mère y tenait un rôle d'accusée central dont ils escomptaient me convaincre : mes parents lui rejetaient la responsabilité de leurs échecs. Elle s'était invitée au beau milieu de leur voyage de noces à Venise, accusait mon père : sachant par expérience sa discrétion et l'incapacité de sa fille, quoi qu'elle en dise, à s'en détacher durablement, je soupçonne plutôt la jeune mariée d'avoir fait venir sa mère au motif de quelque plainte puérile, selon son habitude. Enfant gâtée elle était et le resterait : le couturier cédait à ses requêtes, désireuse surtout de ne pas la contrarier. Quelle que soit l'époque, lui retourner un refus, s'opposer à elle, c'était libérer sa colère, des scènes dérangeantes, une bouderie prolongée et vaniteuse ou une manœuvre de revanche. Aucune personne sensée ou désintéressée ne lui accordait quelque crédit durable, mais peu résistaient à son pouvoir de séduction, le cœur maternel en premier lieu. Jamais ma grand-mère ne faisait accès d'autorité en présence de sa fille, adoptant un silence prudent ou des arguments conciliateurs. Si brouille il y avait, elle n'était que passagère, leur réconciliation se scellant de présents mutuels, dispendieux, qui gommaient provisoirement les éclats de sa progéniture. Petits noms affectueux et grands sourires revenaient comme par magie. L'exercice silencieux d'un pouvoir qu'elle seule détenait, fait de raison et de dignité, était plus subtil.

Les jeunes époux furent choyés par le couturier, qui proposa rapidement à son gendre de l'engager à la Maison Grès, désireuse que le jeune ménage puisse disposer des moyens confortables auxquels sa fille était habituée. Il déclina, prudent. Elle acheta à leur intention un appartement sur l'île Saint-Louis et une boutique à Saint-Germain-des-Prés en 1968, jouxtant le club Castel. Anne s'était mis en tête l'idée de vendre une mode sixties au chic décontracté inspiré du Swinging London : le magasin Sassafras, une initiative que ma grand-mère favorisa, ravie que sa fille concrétise son indépendance. Le magazine *Women's Wear Daily* y consacra même un article*, interviewant Madame Grès pour l'occasion – son nom est un passeport sûr : « À 4 ans elle créait déjà des petits vêtements pour son ours en peluche », dit-elle à propos d'Anne, confiante en son avenir de styliste. Logo, décoration, création ou choix des lignes, elle y met un élan enthousiaste, éphémère. Elle a poussé son mari à démissionner de son entreprise d'électronique – un emploi trop banal à ses yeux, pour qu'il la rejoigne et se mue en patron de magasin, vendeur de pantalons pour hommes. Sa famille voit cette reconversion d'un œil dubitatif.

Que ne s'étaient-ils éloignés du couturier pour vivre leur vie de couple à des centaines de kilomètres ? Ils en étaient incapables, exempts de la détermination nécessaire à s'extraire d'une vie facile

* Eugenia Sheppard, « Inside fashion », *Women's Wear Daily*, 5 février 1968.

et de la dépendance dorée que leur assurait la fortune de ma grand-mère – dont ils auraient beau jeu de se plaindre ensuite. Aimante et guère psychologue, celle-ci ne percevait pas combien ses accès de générosité et d'indulgence envers sa fille tombaient en terre stérile. Facilité glissante du bon plaisir, Anne entraînait son époux malléable dans son mode de vie sans contrainte, peu pressée d'endosser les responsabilités durables de l'âge adulte, épanouissantes. Passé la révolte adolescente, l'exemple de sérieux et d'engagement que personnifiait sa mère ne lui avait rien inspiré. Velléitaire, mon père s'avérait incapable de résister aux caprices de son épouse ou de s'imposer face à la figure de matriarche incontestée qu'incarnait sa belle-mère. Madame Grès, par ailleurs, appréciait ce gendre sensible et élégant, patient avec Anne. Très épris de ma mère, il rumina peu à peu un ressentiment silencieux contre ma grand-mère.

Un soir comme les autres, mon père revint chez lui : ma mère était partie sans crier gare ; elle raconterait que nous séjournions au Brésil, mon père ne pouvant nous y chercher… Nous n'étions qu'à Saint-Paul-de-Vence… Mais le Brésil en effet était de la partie : Anne trompait son époux avec un vieil ami de Madame Grès, qu'elle connaissait depuis l'enfance et qui avait l'âge d'être son père : Justino. Je doute que ma grand-mère, continuellement occupée, ait eu vent de cet adultère précoce : qu'aurait-elle pensé de sa fille, qui bafouait son récent mariage d'amour sans retenue ? Anne s'ennuyait de sa conjugalité et savait dissimuler : « Je me suis servie de ton père pour quitter la maison », me déclara-t-elle un jour, fielleuse. Pour les besoins de son divorce, elle persuada le couturier que son gendre était un être malfaisant : le gentil garçon se muait en monstre. Elle entraîna ma grand-mère, qui accordait toujours foi à ce qu'elle affirmait, dans un combat acharné contre mon père qui la dévorait d'une joie mauvaise. Épouse adultère ayant quitté le domicile conjugal, malgré ses tentatives pour charger son mari, le juge octroya à ce dernier la garde de son enfant, un verdict rare en 1969. Je vivais donc chez mes grands-parents paternels, incarnant un butin que ma mère voulait à toute force récupérer : ma grand-mère fut son bras armé, ses moyens lui permettant les meilleurs avocats ; ce fut Me Thierry Lévy, futur pénaliste de grand renom (sa sœur était une amie de lycée d'Anne Grès). Diabolique, la procédure d'un constat orchestré à l'aube prouva que mon père recevait une femme dans le logis conjugal, que ma mère avait déjà déserté. Charitable néanmoins, ma grand-mère laissa à son ex-gendre la jouissance de ce charmant appartement de l'île Saint-Louis dont elle était la légale propriétaire et offrit à Anne une petite garçonnière à Saint-Germain-des-Prés.

Il se racontait que le couturier aurait soudoyé un juge : en appel, un second jugement de divorce confia ma garde aux bras maternels… Anne remit l'objet de sa victoire à sa mère.

« Je voulais avoir la paix ! » Trente-cinq ans après, ce fut la seule phrase d'explication honnête que ma mère lâcha pour justifier sa désertion de mon enfance. Sa signification m'en échappa sur-le-champ, trop inconcevable sans doute. Ma grand-mère n'était plus là pour m'éclairer (mais elle n'aurait pas médit sur sa fille) ou m'affirmer que ses mots dépassaient sa pensée. Je n'en saisis le sens que le lendemain. Ma mère avait aussitôt argué : « Ta grand-mère s'est mise entre nous. » J'avais envie de rétorquer : « Que serais-je devenue sans elle au vu de la suite ? » Sur ce sujet, gouffre interrogateur de ma jeunesse, plane encore l'impossibilité pour protagonistes et témoins d'une réponse nette ; un scénario où émergent honte, incrédulité et mensonge. Ma grand-mère : « Ta maman est très occupée » ; mon oncle, revenant de Tahiti : « Je découvrais la situation incohérente de tes parents vivant sans leur enfant » ; une cousine : « Ta mère n'a toujours pensé qu'à elle-même. Heureusement pour toi qu'Alix est intervenue… » Au tréfonds de premiers souvenirs, la maison de campagne de ma grand-mère, je grimpe cahin-caha d'interminables petites marches jusqu'à la chambre parentale ; ma mère se fâche de cette irruption. « Tu me réveillais toujours à cinq heures du matin » : elle s'en agaçait encore quinze ans plus tard. Il me reste l'impression fugace d'une chambre sombre comme une cave, la mienne, en contrebas de leur appartement parisien… alors que subsiste tant d'affection de ma grand-mère, de son sourire au petit matin, le soir, à toute heure du jour. La nuit où à 8 ans je frôlais une péritonite, elle dormit à même le sol près de mon lit. Un élément de ce scénario faisait au moins l'unanimité : à 6 mois j'étais déjà auprès d'elle. Un incident mystérieux fut à l'origine de ce transfert, sans aucune élucidation claire – de nouveau. Je rejoignais parfois mes parents en visiteuse du week-end : nous allions chez mes grands-parents paternels.

La réalité était froide : elle ne me supportait pas. Vivante trace d'un mariage qu'elle aurait voulu effacer, je lui rappelais mon père et je l'encombrais. Si elle voyait chaque jour ma grand-mère à la Maison Grès (y percevant un salaire mais s'y montrant à éclipses), elle ne franchissait la porte de notre appartement qu'une fois par mois, pour un déjeuner dominical qui se déroulait invariablement de la même manière. Bien que j'aie reçu depuis mes premières années une éducation irréprochable, rien en moi ne trouvait grâce à ses yeux. Au fur et à mesure du repas, ses coups d'œil, ses réflexions menaçantes me tétanisaient.

Elle explosait soudain, m'accablant d'une fureur haineuse, vociférante. Irrémédiablement je finissais en pleurs, cramponnée à ma grand-mère tentant de la calmer. Je dus un jour sur ordre maternel finir mon repas dans la cuisine, tant ma vue l'insupportait. J'avais 6 ans. Craintive, lorsque je la voyais repartir, j'attendais pourtant sa prochaine venue, espérant que cette fois peut-être j'aurais droit à la chaleur qu'elle montrait à d'autres : une venue hypothétique souvent annulée au dernier moment, et frustrante annonce prolongeant mon attente que ma grand-mère venait me faire avec précaution. C'est ainsi que longtemps je vénérai l'image du sourire maternel, si inaccessible. Il fallait toute la patience et la douceur des bras de ma mamy pour m'apaiser, consoler mes sanglots à répétition et tenter de me faire oublier ces déflagrations. « Ta maman a beaucoup de soucis… » Que pensait son cœur de mère, tiraillé entre sa fille et sa petite-fille ? Je n'ai jamais su quel constat elle tirait de ces scènes, mais la décision précoce, irrévocable, de me prendre auprès d'elle était éloquente. Même accaparée par la charge de sa Maison et à 70 ans, éloignée de l'âge de pouponner chaque jour, elle n'avait pas reculé devant la responsabilité d'élever de nouveau un enfant. Un instinct certain lui avait soufflé de mettre sa petite-fille sous sa protection, que « quelque chose » chez sa fille hélas faisait défaut, qu'elle n'aurait jamais évoqué mais qui devait lui peser. Cette situation qu'elle jugeait peut-être provisoire, avec l'espoir que cela s'arrangerait un jour, se révélerait définitive. C'est elle aussi qui avait choisi mes parrain et marraine, le docteur Billaud et son épouse, des figures de stabilité affective qu'elle accueillait à chacune de leurs visites dans la capitale. Ces membres de notre famille élargie savaient beaucoup de ma mère et de sa vie privée échevelée, laquelle nourrissait envers eux (et contre tous ceux qui connaissaient son vrai visage) une rancune étrange tout en leur servant devant sa mère son plus beau sourire.

Ma grand-mère m'inscrivit dans la meilleure école privée pour filles du quartier de la Muette, où je portais l'uniforme bleu marine et appris le piano avec une charmante bonne sœur. S'ensuivit le collège de la Tour, toujours en uniforme et non mixte. Grâce à son éducation attentive, j'étais une excellente élève, très disciplinée. Elle m'offrit (tôt !) des disques de musique classique et quantité de livres que je dévorais, ayant découvert chez sa petite-fille une appétence pour le savoir qu'elle se fit fort d'encourager tous azimuts. Cette éducation par ma grand-mère – un saut de génération par rapport aux autres élèves – faisait pouffer : mon langage livresque, mes chaussettes remontées aux genoux et mes cols fermés jusqu'au dernier bouton faisaient de moi un sujet pâlot et décalé, fort timide mais observateur. Les forts en thème sont adorés de leurs professeurs mais raillés de leurs camarades : cela ne m'importait qu'à moitié. Ma mère se souciait peu de mes bulletins de notes.

Madame Grès chez elle, à Paris (1965).

Chapitre 8

L'âme damnée d'Anne

Son personnage et sa carrière en témoignent, Madame Grès s'illustrait de paradoxes, mesure et démesure n'étant pas les moindres. Elle entretenait avec sa fille Anne une relation si serrée qu'elle offrait trop peu d'interstice pour qu'une tierce personne puisse s'y glisser et rapporte ce qui s'y tramait. Depuis sa venue au monde elles formaient une manière de couple, un mélange fusionnel où chacune offrait à l'autre sa dépendance – secret du fonctionnement de ce duo né de l'absence d'un père et d'un mari. Leurs proches en constataient les effets : ma grand-mère était l'âme damnée de sa fille et non l'inverse. Depuis 1939, Anne incarnait le témoin majuscule de l'aventure maternelle, de ses chagrins, de ses victoires, même si le couturier avait évidemment protégé ses jeunes années de son paravent de discrétion habituel. Mais tout n'échappe pas aux enfants ; Anne était là, observant et entendant, détentrice de liens uniques, ceux du sang. Le couturier investissait le fruit de son union d'une dimension « sacrée » que son cœur était seul à comprendre. Sa fille était le trésor inespéré que lui avait envoyé le destin, malgré les apparitions à éclipses de Serge et ses réticences à faire d'elle une mère. La providence avait triomphé de ces obstacles, lui donnant cet enfant sur lequel se reporterait l'amour qu'elle ne pouvait plus offrir au peintre. Unique dans tous les sens du terme, Anne en personnifiait la précieuse trace, un symbole écrasant peut-être, dont elle s'appliquerait (inconsciemment ?) à briser l'icône sa vie durant. Si Madame Grès a si extraordinairement parfait sa création de couturier, les efforts de son amour maternel, constants, ont hélas échoué à faire de sa fille l'être exceptionnel qu'elle projetait en elle. Son enfance connut les meilleurs précepteurs particuliers, l'accès à la culture, l'ouverture précoce aux voyages lointains… Comme toute sa génération, elle fut éduquée sous la férule des interdits de l'époque – en l'absence d'autorité paternelle, ma grand-mère y veillait ; Anne n'était pas la seule fillette à grandir sans père après la guerre. Excès d'amour, de protection ou de fermeté, ma grand-mère compensa ce manque du mieux qu'elle pouvait.

Enfant, ma mère pratiquait la danse et se rêvait ballerine. Madame Grès, familière du monde de la scène, connaissait bien le chorégraphe Serge

Lifar, directeur de la danse à l'Opéra de Paris. La petite Anne confectionna pour lui dans une boîte à chaussures un décor de ballet miniature avec tous ses détails. Était-elle douée pour les entrechats au point d'y engager son avenir ? Opportunité envisageable mais surtout rêve d'enfant : ma grand-mère freinait à encourager sa fille dans une voie si hasardeuse. Plus prosaïquement, des foulures à la cheville firent interrompre les leçons. Adulte, ce sujet parmi d'autres fondait un sempiternel discours de grief à l'encontre de l'entité maternelle qui lui avait prétendument coupé les ailes, tout en se gardant d'en reconnaître le vrai jour : celui de protectrice inconditionnelle. Sa mère occupait la position centrale de son existence, déterminant un enfermement dont sa nature s'accommodait : où l'intérêt se mêlait à l'amour, où l'inconstance accompagnait l'absence de lucidité mature. Le couturier était à l'excès prisonnière de son cœur, qu'elle n'autorisait pas à flancher tout à fait car, elle exceptée, qui souhaitait apporter son soutien au personnage d'Anne ? Ceux qui s'y essayaient en gardaient d'amers souvenirs. Si Madame Grès n'avait été aussi fortunée, si Anne était née dans un milieu différent, sa vie eût été évidemment tout autre. Sa condition lui permettait d'échapper aux basses réalités du commun des mortels, telles que la notion d'échec. Gravitant non loin des auspices maternels et puisqu'elle était « la fille de », les portes s'ouvraient. Une facilité dont elle tirait quelque vanité, aisément méprisante lorsqu'elle jugeait ne pas recevoir le traitement attendu.

Au milieu des années 1960, la jeune femme qu'était devenue ma mère, mariée de surcroît, gardait ses habitudes d'enfant choyée : ma grand-mère ne pouvait s'en empêcher. Le fait d'excepter sa fille des notions formatrices de mérite et de modération, qu'elle professait tant, traduisait de sa part une impuissance inusitée. L'amour maternel, toujours lui, était le défaut de sa cuirasse, l'endroit précis de sa vulnérabilité. Par essence Anne méritait tout, et c'est bien ainsi qu'elle se percevait, ne reculant devant aucune demande, voire celles-ci se trouvant devancées. Pour le lendemain de ses noces, elle savait qu'un gentil appartement l'attendait au cœur de l'île Saint-Louis. La porte du jeune couple s'ouvrait en haut d'un immeuble un peu de guingois dont l'escalier lui-même penchait avec charme. Sans nul doute Anne en avait fait le choix, puis le couturier l'avait acheté : ses appartements successifs suivraient les mêmes caractéristiques. À quelques pas des quais de Seine, son pittoresque étagé sur trois escaliers intérieurs disposait aussi d'un studio annexe. Madame Grès avait mis à disposition de sa fille le logement dont rêvaient les jeunes Parisiens à la mode qui prisaient une bohème confortable : sous le ciel parisien où frémissait la pluie, percé de petites fenêtres donnant sur le paysage infini des toitures en zinc. Au cœur même de la ville, l'île Saint-Louis était bien une île, où les rumeurs de la capitale échouaient assourdies. Sur la mezzanine la guitare de mon père traînait parmi les disques vinyles – tous les jeunes grattaient l'instrument à l'époque. Anne s'était fait offrir par Madame mère un lit à baldaquin bleu, incongru dans ce petit nid. Les jeunes mariés conduisaient une MG cabriolet vert sapin : sa couleur étant la teinte fétiche de ma mère et le salaire du marié n'ayant pu suffire à cette acquisition, l'on devinera qui avait pourvu à l'achat.

Ma grand-mère conserverait une dizaine d'années l'appartement de l'île, inoccupé après le départ de son ex-gendre. Elle le laissait à sa disposition pour qu'il puisse m'y recevoir dans ma petite enfance, le studio annexe servant alors à accueillir des jeunes filles au pair. Dans les années 1970, le couturier allait prendre sous son aile une toute jeune Brésilienne débarquée de Rio, Tharita, recommandée par son ami Justino Martins, qu'elle logerait dans ce même studio. Comme elle l'avait fait pour Muni, elle formerait Tharita aux subtilités du métier de mannequin et la protégerait de ses dérives, recherchant même sa compagnie les soirs de solitude. Tharita de Oliveira défilerait ensuite pour Yves Saint Laurent. Après Muni, Devi, Tharita, Betty, Jill et d'autres peut-être, je songe que son cœur s'était souvent incliné à chercher une figure filiale idéalisée : des jeunes filles en qui elle décelait une grâce et une candeur qui lui soufflaient d'accomplir encore et encore un rôle quasi maternel.

À son divorce, Anne ne s'avéra pas en nécessité de demander une pension alimentaire à son ex-mari puisque ses revenus étaient supérieurs aux siens grâce à la prébende habituelle. Ma grand-mère, chef d'entreprise tout-puissant de sa Maison, versait un salaire à qui bon lui semblait : les comptes de la Maison Grès étaient aussi les siens, selon un fonctionnement peu orthodoxe vraisemblablement mis en place depuis toujours et que nul n'était en position de contester. Madame Grès ordonnait et son personnel exécutait. Son inclination naturelle répugnait à déléguer ses pouvoirs, sa dernière tentative en la matière l'en avait confortée. Ma grand-mère avait malencontreusement misé sa confiance sur un homme d'affaires égyptien, l'habile monsieur Mouftah, qui l'avait tout bonnement escroquée. Bien en cour durant ses fonctions, Mouftah avait même été convié au mariage à Pleubian. Quelques années plus tard, l'ampleur prise par les activités de la Maison Grès nécessitait de créer une entité distincte, le département des Parfums. Ce fut en 1976 le cadeau de Noël d'Anne Grès. La désignant comme directrice, l'acte de fondation des Parfums Grès fut signé pile un 24 décembre : les attentions maternelles ne laissaient rien au hasard.

Anne percevait ainsi un salaire en bonne et due forme. En fille de la fondatrice de la Maison, elle était toute désignée pour ce poste stratégique, qui marquait la foi du couturier en ses capacités naturelles. Pourtant, il ne semblait pas qu'à 36 ans Anne ait « travaillé » ailleurs, sous d'autres cieux que maternels, seule sa filiation faisant office de qualification. Si ma grand-mère l'investissait soudain de quelque responsabilité, il paraissait toutefois hors de propos que sa fille souffre un rang subalterne, voire une nécessaire initiation à l'administration d'une entreprise. N'ayant pas suivi d'études supérieures hormis quelques cours de dessin, aucun examen – couperet d'un traitement égalitaire – ne l'avait un jour soumise à démontrer sa valeur.

Ses apparitions à la Maison Grès seraient remarquées pour des motifs autres que professionnels : « Madame Anne » est partout accompagnée de son chien, un cocker remuant ; elle circule vêtue d'un ensemble-short de cuir très court, un genre qui dénote dans le paysage de la Maison et que, de l'avis général, sa silhouette n'autorise pas. Plus gênants sont ses éclats de voix intempestifs ou les injures proférées envers ceux qui ont l'heur de lui déplaire (rapportées par un témoin de l'époque). Le personnel, qui connaît la politesse exquise de Madame Grès, son calme et son assiduité rigoureuse au travail, ne dit mot mais observe. À mon tour, comment ne pas m'interroger sur la provenance de ses habitudes de langage, si ordurières et étrangères au vocabulaire de ma grand-mère ? (Laquelle me punit à la minute où je soufflai « le mot de Cambronne... ») J'ignore toujours comment elle considérait ces excès de caractère qui auraient pu entacher sa réputation si elle avait donné à sa fille un pouvoir l'impliquant plus avant dans des relations d'affaires : il faut croire qu'une certaine lucidité l'en avait dissuadée. Face à un état de fait auquel elle ne pouvait rien, il incombait à son devoir de mère de faire « tampon » quand nécessaire entre Anne et le monde.

Lorsqu'à la fin des années 1960 le couturier fit l'acquisition de sa maison de Saint-Paul-de-Vence, elle en offrit tout naturellement une autre à sa fille. Non pas une maisonnette pour célibataire, mais une typique « Saint-Pauloise » de trois étages, sise près de l'église du village. Sa terrasse, carré divinement ensoleillé, jouxtait le panorama de tuiles ocre environnant. Je revois encore le heurtoir en bronze de sa porte, une main serrant une sphère, et ses hauts murs entièrement couverts de vigne vierge. Elle avait beau n'être qu'à cinq minutes à pied de la nôtre, je n'y étais invitée qu'une ou deux fois durant les vacances. Le salon à la pénombre pavée de tommettes servait de cadre à des distractions singulières, hautement farfelues à mes yeux, auxquelles ma grand-mère participait avec entrain : des séances de « tables tournantes ». Qui aurait pu croire qu'à l'ombre de l'église et de ses rites se tramaient ces activités païennes ? Que cette figure respectée de la Haute Couture se livrait en vacances au spiritisme ? C'était un spiritisme de farce, mais un amusement célébré avec le plus grand sérieux, sans triche. Nous étions quatre autour d'un guéridon, nos doigts écartés se touchant aux extrémités et effleurant son plateau : ma mère et son compagnon, ma grand-mère et moi – encore enfant. Il était entendu qu'il fallait se concentrer en silence pour faire venir « l'esprit ». La table frémissait soudain, puis bougeait. L'« esprit » était alors invité à se présenter : tapant du pied, le guéridon épelait son nom. Puis venaient les questions : pourquoi l'« esprit » était-il là, que voulait-il, etc. « Il » répondait, animant la table de coups sourds ; un coup – oui, deux coups – non. J'étais éberluée. Pour le couturier, attentive et enjouée, cette fantasmagorie semblait tout inoffensive. Du point de vue historique, la mode du spiritisme prévalait plutôt du temps de ses parents ; guerre ou maladies véhiculaient des morts prématurées : le « mage » Allan Kardec*, les écrivains Conan Doyle et Victor Hugo avaient été de célèbres adeptes de ces supposés échanges avec

---

* Initiateur et théoricien du spiritisme, mondialement renommé (1804-1869).

« l'au-delà ». Désespéré par la noyade de sa fille, l'auteur des *Misérables* s'était jeté dans le spiritisme pour entrer en contact avec l'esprit de son enfant. Ces pratiques qui rejoignaient un certain scepticisme vis-à-vis de la religion étaient évidemment condamnées par l'Église. Mais à Saint-Paul-de-Vence, nos séances se déroulaient dans les années 1970, bien loin de ce contexte. La créatrice avait visiblement été marquée dans sa jeunesse par des usages qu'elle continuait de perpétuer. Cet intérêt n'était pas si rare parmi ses contemporains puisque mon grand-père paternel possédait une bibliothèque fournie sur le sujet : ectoplasmes, apparitions et spirites en tous genres. Un soir, fait véridique, le guéridon se précipita à vive allure vers l'escalier et grimpa les deux premières marches : nous ne le poussions pas, il nous échappait. Ces phénomènes m'inspiraient le trouble : la bonhomie de ma grand-mère me persuadait du contraire.

Si le couturier avait certaines habitudes de grandeur – sobres, que lui permettait sa fortune vaillamment gagnée –, celles de sa fille s'apparentaient à des caprices. L'une conservait longtemps ses acquisitions immobilières, choisies avec soin et vues comme des placements, l'autre se toquait régulièrement de « coups de cœur » qu'elle délaissait quelques années plus tard : « Tous ces appartements qu'Alix lui a offerts... », relevait une cousine. Il n'en allait pas autrement pour les bijoux ; certains joyaux de prix, cadeaux de sa mère, finissaient au fond d'un tiroir : une parure en platine et diamants, moderniste et somptueuse, ne trouvait pas grâce à ses yeux car elle était « trop moderne ». Insatisfaite par excellence, sa nature se félicitait quand même des robes du soir faites à ses mesures. Mais, réalité cruelle, sa morphologie ne lui permit jamais de porter l'un des splendides drapés du couturier : aimante, Madame Grès adapta toujours pour Anne des modèles qui mettaient en valeur ses épaules mais floutaient sa silhouette. Sa ligne contrarierait, obséderait perpétuellement ma mère, qui par ailleurs débordait de mots acides envers les autres femmes. Contrairement à ma grand-mère, bienveillante et solidaire avec la gent féminine, de manière inexplicable elle l'envisageait comme ennemie. Elle aurait un jour des phrases injustes envers sa muse de l'époque, femme irréprochable dont le physique la faisait ambassadrice des créations de Madame Grès : elle les portait lors de multiples réceptions, le couturier avait coutume de lui en faire cadeau. Anne la jugeait intéressée alors qu'elle n'était que fidèle. C'est à son corps défendant qu'elle accompagnait parfois sa mère à des obligations mondaines : les légers « devoirs » de son statut d'héritière l'ennuyaient.

Mais à la fin des années 1970, l'apparition d'un nouveau compagnon lui suggère enfin un désir de stabilité. Bien né, le comte de S. incarne un « parti » rêvé pour Madame Grès, qui observait jusqu'alors d'un œil soucieux les dissipations sentimentales d'Anne. Voici enfin un homme aux dispositions révélatrices d'engagement durable. Rétrospectivement, les contemporains familiers du couturier s'accorderaient : Madame Grès exprimait sa satisfaction de voir sa fille fréquenter enfin un « fiancé » de son rang. Je pense que ma grand-mère n'avait jamais oublié qu'elle-même s'était unie à un aristocrate, son sang coulait dans les veines de leur enfant ; par conséquent elle devait rêver qu'Anne fasse un jour un « beau mariage ». Jusqu'ici ce genre de prétendant – il y en avait eu – ne l'avait pas envisagée dans le rôle d'épouse. Courtois, cultivé et expérimenté : un futur gendre providentiel qu'Anne Grès presse bientôt le couturier d'engager comme directeur général… un trio qui connaîtrait de hautes tensions, prévisibles. Le couple partage un bureau situé au-dessus des salons blancs de la Haute Couture. Madame Grès savait-elle que son futur gendre avait été impliqué dans des malversations commises au sein de la banque familiale et traduit en justice ? Non, certainement. À la décharge de monsieur de S., le couturier elle-même prenait des libertés avec les comptes (mais sans léser personne).

La liaison d'Anne avec ce banquier distingué est à ce point sérieuse qu'ils envisagent de faire vie commune. Les amants projettent-ils un appartement dans les beaux quartiers, voire une maison ? Nouvelle fantaisie d'Anne : vivre sur une péniche. Une authentique péniche de marinier, longue et noire, de celles qui participent au cliché du Paris éternel, glissant sur la Seine entre les bateaux-mouches. La fille du couturier aime l'original, l'unique : en 1978, vivre sur une péniche relève de l'excentrique. Mais elle a trouvé en son compagnon l'alliage de fantaisie et d'agréable pragmatisme convenant à sa nature. Leur projet immobilier consiste à transformer l'embarcation en « house-boat », à grands frais : évidemment Madame Grès est sollicitée pour « aider » à tout cela. Une fois trouvé l'objet rare, il sera acheminé jusqu'à un chantier naval de Villeneuve-la-Garenne, haut-lieu de la batellerie : les ateliers Vandenbossche – qui existent encore aujourd'hui – se chargent de sa remise à neuf intégrale et de la transformation de sa cale en habitation, travail long et onéreux. Raffiné et d'un charme inouï, le nouveau house-boat rejoindra son anneau d'amarrage en face des Tuileries – une situation idéale pour les néo-mariniers, non loin de leur bureau de la rue de la Paix. Madame Grès est conviée à admirer le fruit de sa générosité, aux cloisons tapissées de liège, aux cuivres étincelants ; sa fille a imaginé un « vautroir » (son expression) garni de kilims ; la cuisine exiguë, le poste de pilotage garni d'un « chadburn », tout est superbe. Un bruyant générateur qui assure l'électricité à bord ajoute au charme. Ma grand-mère n'y reviendrait guère, l'accès à la péniche se faisant par une étroite passerelle tanguant au moindre roulis… en période de crue, ce serait une planche. Las ! Anne s'est inventé une nouvelle toquade : les animaux, familiers et exotiques surtout. Le couturier lui offre les espèces tropicales demandées, dénichées chez les marchands du quai de la Mégisserie : un trafic animal interdit aujourd'hui. Lapin dans la salle de bains, vivarium de caméléons, piranhas, couple de cacatoès, mainate, chats et leurs portées pullulent dans ce cadre confiné, la vaisselle sale s'entasse dans l'évier. La luxueuse péniche qui recevait à dîner François-Marie Banier se mue en triste cloaque.

Anne ne tarde pas à présenter François-Marie à sa mère : c'est un jeune homme plein d'avenir. L'écrivain papillonne quelques mois autour de Madame Grès, amusée. Elle apprécie la jeunesse et lui verse bientôt un salaire de confort à titre de « public-relations » de sa Maison. Le dandy amateur de vieilles dames fortunées passera son chemin, ma grand-mère n'octroyant plus sa confiance à la légère. Il aura quand même obtenu quelques robes remises gracieusement pour l'une de ses pièces de théâtre, qu'il revendra quelques années plus tard…

Pour nettoyer le house-boat de sa dérive, l'intervention des pompiers sera requise. Le peintre Jean-Michel Folon, créateur d'un célèbre générique TV, la rachètera ensuite. La prochaine lubie d'Anne et son compagnon serait de s'installer dans un bois au fin fond du Val-d'Oise. De nouveau, je m'interrogerais sur ce qu'éprouvait ma grand-mère au gâchis de la délicieuse péniche, devenue une arche de Noé sans maître ; sa fille semblait indifférente à l'odeur qui y flottait. Depuis toujours le raffinement avait environné Anne. Pourtant, ses intérieurs harmonieux étaient tôt ou tard ternis de désordre, voire souillés, tendance qui s'amplifierait davantage lorsqu'elle s'éloignerait de sa mère. D'une dignité innée, ma grand-mère considérait « la tenue » comme l'invariant du respect envers autrui, envers soi-même ; mais Anne perdait facilement sa retenue et savait encore moins tenir sa maison. Caricature ? Mêlée d'oisiveté, d'inconstance et d'égocentrisme, son existence s'apparenterait à une magistrale provocation claquée à la figure maternelle. Elle ne savait exister autrement, ni hors de sa position de fille, bien qu'elle s'en défendît. Des ressorts essentiels manquaient à sa mécanique d'émancipation, échouant à faire fructifier les bienfaits octroyés par sa naissance. D'autres rouages retors la rendaient étrangement ambivalente envers une mère dont la faiblesse serait de rester nourricière sa vie durant, et même ensuite. Monnayées jusqu'à disparaître, les reliques de Madame Grès s'avéreraient l'ultime et propice soutien financier d'Anne. Son habileté manuelle la persuada de talents qui n'excédaient pas le stade du loisir : ma grand-mère approuvait avec bienveillance. À l'ombre de Madame Grès, la problématique du talent grevait secrètement son destin.

À l'été 1979 débute une période chaotique qui bouleverserait la vie de ma grand-mère et la mienne : notre séparation. C'était l'été de mes 13 ans, celui où je fuguai de chez mon père : « fugue » très inoffensive pour retourner à Paris me réfugier auprès d'elle. Personne ne me croyait capable de prendre seule le RER. Mon père habitait un quartier excentré d'une ville des Yvelines : j'avais simplement marché quelques kilomètres jusqu'à la gare avec un peu de monnaie en poche pour acheter un ticket, connaissant par cœur un trajet fait de multiples fois en voiture. Depuis des années, j'étais accueillie à chaque séjour chez lui par des sarcasmes et questions inquisitoires sur les habitudes du couturier, curiosité malsaine sur ma mère et moqueries d'une marâtre sur mes manières. J'étais sans cesse observée, je me surveillais moi-même et suffoquais littéralement. Des « vacances » qui me semblaient interminables : je téléphonais en cachette à ma grand-mère car d'ordinaire mes conversations étaient écoutées. Vers 11 ans, je trouvai une échappatoire qui me permettrait de « tenir » : et si elle venait me voir ? J'étais assez grande pour sortir seule et, au prétexte d'une banale promenade, nous nous retrouvions furtivement quelques rues plus loin au lieu de rendez-vous fixé par téléphone. Jamais ces manigances ne furent décelées… Pour apaiser sa petite-fille, ma grand-mère dévouée n'hésitait pas à délaisser son travail, prendre le temps d'allers-retours entre Paris-Centre et les Yvelines, conduite par son chauffeur Julio. Nous ne restions ensemble guère plus de trente minutes sinon mon absence aurait paru louche. De précieuses minutes où sa présence me faisait tout oublier. Que pouvait donc penser notre fidèle Julio de ces situations abracadabrantes ? Je retournais chez mon père comme si de rien n'était, gardant précieusement au cœur la consolation de ces instants secrets.

Par rebond, je servais d'exutoire à un divorce jamais digéré, que mon père remâcherait indéfiniment, seul homme désintéressé qu'Anne ait jamais connu et dont elle avait ruiné l'existence. Il s'était retrouvé une épouse similaire, autoritaire et déréglée, obsédée par les signes extérieurs de réussite sociale qui la feraient accéder au rang du clan Grès, ennemi. J'étais l'ennemi. Non contente de vivre environnée d'un mobilier d'antiquaire issu du divorce de mon père (donc offert par ma grand-mère du temps de son mariage avec sa fille), elle me fit voler à ma mère des assiettes issues de son service de jeune mariée (donc offert par ma grand-mère), espérant commander le même modèle. Il provenait de la liste de mariage de mes parents et d'un luxueux magasin de la Madeleine, Au Vase étrusque. Anecdote à peine croyable, exemple parmi d'autres d'une obsession maniaque.

Depuis mes premières années, j'étais au centre d'un stratagème mensonger mis au point par ma mère pour leurrer mon père et la justice : ma grand-mère était intriquée dans la manœuvre car elle ne pouvait s'y soustraire. Selon le jugement de divorce, mon père devait me récupérer au domicile maternel puis m'y reconduire, un week-end sur deux et pour la moitié des vacances. Or je vivais chez ma grand-mère. Ma mère venait donc m'y chercher une heure avant l'arrivée de mon père. Ainsi, sonnant à sa porte, il pouvait croire en effet que j'habitais là. Et dès qu'il m'y raccompagnait le dimanche, ma mère me redéposait chez ma grand-mère. Ce tour de passe-passe fut évidemment éventé lorsque je grandis et n'eus d'autre choix que de répondre aux questions soupçonneuses de mon père. Mon escapade de juillet 1979 fut le déclencheur qui mit fin à cette mécanique bien huilée. L'après-midi de ma « disparition », les lignes téléphoniques retentirent d'affolement : mon père, qui crut à un kidnapping, prévint le commissariat. Quelques heures plus tard, furieux d'apprendre que sa fille se trouvait à la Maison Grès, il y envoya la police : le personnel vit l'irruption d'agents en uniforme venus interroger Mademoiselle. Persuadé que son ex-belle-mère elle-même était venue me chercher, mon père porta plainte contre elle pour

« soustraction d'enfant » ; j'apprendrais que son épouse avais pris son téléphone pour couvrir le couturier d'insultes. En vérité, ma mère avait encouragé ma « fugue », m'affirmant que ma parole serait écoutée si j'affirmais à un juge ne plus vouloir aller chez mon père. Petite satisfaction de vengeance maligne, totalement gratuite, à l'encontre son ex-mari, puisque cette manœuvre n'était pas destinée à me récupérer. Ce fut son erreur.

Mes parents furent très rapidement convoqués au palais de justice de Paris, moi à leur suite. J'étais pétrifiée de peur, convaincue, tandis que j'attendais sous la garde d'un policier, que mon père allait surgir pour m'emmener. Ici ma grand-mère ne pouvait pas venir me sauver. Le juge à la famille auditionna mes parents ; je fus ensuite invitée à les rejoindre dans son bureau. L'angoisse de leur présence simultanée, qui inexplicablement me clouait sur place, me poursuivrait toute ma vie. Et là, le jeune fonctionnaire, sans doute adepte de méthodes modernes, me demanda de « choisir » avec quel parent je voulais vivre désormais, en leur présence ! Ceci au constat d'une situation notoirement anormale : j'étais élevée par ma grand-mère alors que ma mère avait par jugement la garde de son enfant. Je n'étais pas près d'oublier qu'il leur asséna au passage d'aller chacun consulter un psychiatre – ce qu'ils ne feraient jamais. Naïvement je choisis ma mère, persuadée qu'enfin j'allais accéder au paradis perdu. Dont acte : par décision de justice, ma grand-mère était écartée de mon éducation, interdiction étant faite de me confier durablement à elle de nouveau. La loi venait rappeler à ma mère, âgée de 40 ans, ses responsabilités. Éblouie par la perspective de ces retrouvailles tangibles, il me manquait la maturité pour mesurer les conséquences de cette entrevue. Je n'imaginais qu'un horizon harmonieux, sans variation majeure, où je naviguerais tout naturellement de ma mère à ma grand-mère. Confiante, je passai une partie de l'été chez ma grand-mère paternelle. Le pire restait à venir.

Anne Grès inaugurait alors une période de normalité conjugale avec son compagnon. Ce père de famille divorcé entretenait avec ses enfants des relations aimantes et, de mon point de vue, devait s'étonner qu'une mère vive sans sa fille puisque aucun impératif ne l'en empêchait. Ma mère ne travaillait pas la nuit en usine (les ouvrières, du reste, élèvent leurs enfants). Il l'encouragea certainement à m'accueillir, sans se douter qu'elle s'y était toujours refusée. Elle me récupérait à 13 ans comme un paquet dont elle ne connaissait rien et qui encombrait sa nouvelle vie. Les années à venir, le caractère égal et pacificateur de mon beau-père tenterait régulièrement de « faire tampon » entre ma mère et moi. Cet été-là, il dut y avoir entre elle et ma grand-mère nombre de conciliabules auxquels je n'assistai pas. La fin des vacances se passa dans la villa de Cannes que le couple avait récemment acquise, surplombant directement la mer. Préfiguration de ce qui allait suivre, je dormais dans une chambre hors du corps principal, chargée de veiller sur une chienne en chaleur qui salissait mes draps. Rien n'attendait ma présence et déjà ma grand-mère me manquait. Désormais j'irais chez elle en visiteuse. À la rentrée de septembre, nous emménagions de façon provisoire au milieu d'une grande forêt du Val-d'Oise. L'anarchie régnait entre la ménagerie transbordée de leur péniche et les cartons à moitié déballés. Un désaccord avec le propriétaire entraîna la coupure d'eau chaude. Je traînais sur moi une odeur qui se remarquait. J'étais habillée de bric et de broc et allais au collège avec un sac Air France en guise de cartable, mes affaires étant restées chez ma grand-mère. Tout était à l'avenant. Nous finîmes quand même par habiter une jolie maison Directoire implantée sur une île en peine ville, au bord de l'Oise. Ma mère m'avait annoncé qu'il me fallait rompre avec les « habitudes » que j'avais prises chez le couturier. Les week-ends où je retournais voir mon père, la vaisselle sale accumulée en mon absence m'attendait dans l'évier. Ses scènes de colère m'étaient exclusivement destinées, de brèves accalmies ponctuant les périodes où elle feignait d'ignorer ma présence. Ma mère ne me regardait ni ne me répondait durant des jours entiers. Humiliations devant ses invités, cris de fureur voire pire dans sa villa de Cannes devant ses employés de maison effarés, elle ne se contenait pas. Je faisais tout pour lui plaire, désespérément ; l'amour et l'éducation de ma grand-mère ne m'avaient pas préparée à cela. J'avais cru trouver le paradis : pendant quatre ans il me brisa menu.

La première fois que je fus grippée sévèrement, je m'enfuis chez ma grand-mère à Paris, profitant de l'absence de ma mère qui désormais accompagnait chaque jour son compagnon à la Maison Grès. Je n'avais d'autre choix, ne pouvant me soigner seule. Quelle ne fut pas sa joie de m'accueillir et de retrouver elle aussi de douces habitudes pour quelques jours ; elle appela notre médecin de famille Ma chambre d'enfant était là, intacte, où je retrouvais un monde normal, douillet. Cet intermède de clémence me rappelait que tout ceci existait encore. Elle se montra inquiète au récit de mon nouveau quotidien, auquel elle ne pouvait plus rien : lorsqu'elle tentait d'en toucher mot à ma mère, cela retombait sur moi. Celle-ci entra d'ailleurs dans l'une de ses fureurs coutumières en apprenant que j'étais partie chez ma grand-mère et m'interdit d'y retourner jamais. Notre fidèle cuisinière était heureuse de me voir réapparaître ; elle ne put s'empêcher de me dire naïvement : « Pourquoi est-ce que tu ne reviens pas chez ta mamy ? Madame est si triste, elle pleure tout le temps… » Ma grand-mère, coupant court, lui intima de se taire et la poussa vers le couloir de la cuisine. J'étais trop jeune et désemparée par ma propre situation pour imaginer la réalité de ce qu'elle vivait désormais, coupée du jour au lendemain de sa petite-fille : une grande solitude. Au petit déjeuner le matin, le soir au dîner, plus de babillages, plus de visage à embrasser ni de bras enfantins autour de son cou. Le bébé, l'enfant qu'elle avait vu grandir jour après jour était parti : elle n'ignorait pas que cela arriverait un jour, mais pas dans ces conditions. Cette perte brutale coïncidait avec les années difficiles que traversait la Maison Grès, aux prises avec de graves difficultés financières que la créatrice s'efforçait de dissimuler. Car Madame Grès elle-même atteignait la consécration, « grand couturier » par excellence, à présent couverte d'honneurs comme doyenne de son métier : promue officier de la Légion d'honneur, décorée par la souveraine des Pays-Bas, récipiendaire en Italie du « Best de l'élégance », recevant de Jack Lang la médaille des Arts et Lettres. Ma grand-mère approchait les 80 ans. À l'âge où elle aurait amplement mérité un début de retraite, elle goûtait toujours les voyages autour du monde, en infatigable ambassadrice de somptueux défilés. Plus que dans son propre pays, sa renommée internationale s'apparentait à celle d'une icône tutélaire de l'élégance française ; sa venue était aussi célébrée que celle d'un diplomate officiel.

Alors qu'elle était invitée à la radio nationale du Mexique, un papillon extrêmement rare se posa soudain sur son épaule : toute la presse en parlait le lendemain comme d'un « signe ». Mais dorénavant, lorsqu'elle rentrait le soir dans son immense appartement, le silence l'attendait. Elle était plus que jamais solitaire, avec ses œuvres d'art comme seule compagnie. C'est justement lorsqu'elle arrivait à un âge avancé que sa fille s'éloignait, accaparée par sa nouvelle vie conjugale. Ses cousines, Gersende d'Orléans, lui restaient fidèles. À cette époque ma grand-mère changea, laissant paraître plus ouvertement son besoin inné d'échanges avec la fraîcheur de la jeunesse. Elle transféra certainement de son affection sur son jeune directeur des Parfums de l'époque, un allié avec lequel elle partageait rires et complicité.

Un an avait suffi pour que le couturier constate que « la petite Anne » était prise dans une nasse qui noyait ses 14 ans à petit feu. Animée d'une combativité intacte, elle décida d'intervenir. Sa vie avait été faite d'engagements, celui envers sa petite-fille tenait du serment intérieur. Faisant probablement jouer l'influence de ses relations, elle obtint sans tarder un rendez-vous avec un juge des enfants afin que je lui expose les faits. Constat inédit, ma grand-mère se préparait à désavouer publiquement sa fille, et inévitablement à la rupture qui en découlerait. J'imagine sans mal combien sa conscience dut lutter pour que cette décision l'emporte. Ma mère ne fut jamais au courant de tout ceci. Nous nous rendîmes ensemble au tribunal de Nanterre ; je voyais s'ouvrir une porte vers la délivrance. Je suppose aujourd'hui qu'elle envisageait de demander ma tutelle. Là encore, le juge était jeune. Il m'écouta, mais j'avais l'impression perturbante d'échouer à exprimer nettement ce que j'endurais, d'ordre psychologique. Je ne portais pas de traces de coups : il ne pouvait rien faire. Nous sortîmes de là désemparées. Ma grand-mère – que pouvait-elle faire d'autre ? – me dit qu'il me faudrait avoir beaucoup de courage…

Il se trouve qu'à la même époque, ma mère avait sympathisé avec une famille d'agriculteurs influente des environs, intervenue dans ses tractations pour l'achat d'un bois – avorté. J'avais trouvé chez eux une chaleur familiale inespérée où j'irais régulièrement me réfugier, enfourchant mon vélo à l'insu de l'ire maternelle. La situation devenait épineuse lorsque je ne voulais plus revenir chez ma mère : mon beau-père jouait les intermédiaires. De fil en aiguille, ma grand-mère fut invitée à la ferme. Elle se plut énormément dans cette atmosphère sans affectation où les valeurs de travail et de bonne humeur rejoignaient l'équilibre d'une vie de famille normale. Le grand couturier parisien qu'elle était ne faisait aucun cas de leurs évidentes différences sociales, leurs liens se firent même de plus en plus étroits. À l'occasion d'une célébration de communion, Madame Grès prêta à la mère de famille une délicieuse robe drapée courte de la Maison Grès, que sa silhouette délicate portait sans difficulté. Évidemment mes descriptions de leur gentillesse avaient retenu l'attention de ma grand-mère et l'avaient touchée. Elle savait que j'étais chez eux en terre accueillante. Ses attentions à leur égard, je pense, se mêlaient de reconnaissance ; elle faisait ainsi parvenir à leur proche entourage des invitations pour ses défilés rue de la Paix. Sa porte leur était ouverte. Lorsque l'agriculteur fut pris de maux d'estomac qui résistaient à tout traitement, elle n'hésita pas à l'emmener consulter son iridologue personnel à Vence, prenant tout naturellement à sa charge son billet d'avion Paris-Nice. (J'ignorais même que ma grand-mère avait recours à des « spécialistes » aussi en marge.) Aujourd'hui encore, cette famille me dépeint avec une incrédulité émue l'irruption de Madame Grès dans leur vie de cultivateurs d'un petit village du Val-d'Oise.

Chapitre 9

Une leçon de vie

Avec le début des années 1980 descendait un lent rideau de fin. Il éteignait la lumière et le décor d'un théâtre intime, fermait la porte de ses coulisses où chatoyaient un infini de couleurs chaudes, mon enfance et mon devenir, la permanence qu'incarnait l'univers de ma grand-mère. Sans applaudissements pour le saluer : la pièce que jouaient ensemble une grand-mère et sa petite-fille était bel et bien terminée. Pour deux vies désormais parallèles était venu un temps de morte-saison, l'entrée en hiver ; vivant l'une de l'autre un deuil impossible puisque que nous étions vivantes toutes deux, forcées à nous résoudre en silence et à quelques kilomètres de distance à la séparation. Que réservait le futur ? Et y en aurait-il un ? Ma grand-mère ne se plaignait jamais ; sa force intérieure serait une leçon de vie. Tout au long de son existence, l'occultation de chagrins qui ne concernaient qu'elle, privés et professionnels, força le respect de ses

L'actrice Marlène Dietrich
vêtue d'un ensemble Grès (1937).

employés les plus proches, qui allaient l'entourer plus que quiconque pendant les dernières années de sa carrière. Comme moi je pense, elle vivait notre éloignement en punition amère. Ce qui nous apportait un bonheur simple avait mérité d'être balayé arbitrairement, au nom de la « normalité ». Mon enfance n'était « pas normale », une sentence répétée à l'envi par ses principaux responsables – mes géniteurs – qui pourtant ne s'y connaissaient guère en normalité. Notre microcosme familial n'avait jamais fonctionné selon ce principe, que le couturier la première, prenant son indépendance vis-à-vis de la norme de sa génération, avait mis à mal – mais avec élégance. Sous couvert d'une décision de justice, l'acharnement de mes parents à salir ce bonheur « anormal » déchirait deux existences, à leur grande indifférence : ma grand-mère endurait en silence tandis que je m'interrogeais sur la nécessité de vivre.

Ma mère donnait l'impression d'avoir saisi une victoire mauvaise, dont elle jouissait avec des airs de puissance non dissimulés : retournement du destin, sa propre mère se trouvait enfin réduite à une position de soumission – c'est peu ou prou mon analyse de la situation aujourd'hui. Dans mon souvenir, ma grand-mère commence véritablement à vieillir à ce moment-là, se voûter, ses épaules portant le poids concordant de tourments familiaux et professionnels. Les « feux de la rampe » de célébrations que lui valent sa carrière au même moment peineront à éclairer une forme de brèche intime que l'attitude de sa fille, soutenue dans son « émancipation » par son nouveau compagnon (est-il conscient de ses ressorts réels ?), ne fait qu'accentuer. Leur duo aux bureaux de la rue de la Paix les installe lentement mais sûrement en souverains des Parfums Grès, et Madame Grès en reine douairière de la Couture. Le couturier demeure souvent cantonné au dernier étage, son empire sur sa Maison semblant grignoté par l'ambition de son nouveau directeur, incarnation de la jeune génération et de ses nouveautés managériales – la sérénité que nécessitait sa création s'en trouvait entamée d'autant. De manière évidente va se jouer là une classique lutte intergénérationnelle, où le comte de S. s'ingénie d'initiatives « modernes » qu'il soumet à ma grand-mère et que celle-ci repousse ou accepte à contrecœur : licences – non, cravates, foulards, nouveaux parfums… Autant de variations susceptibles de bénéfices, destinées à préserver l'activité de la Haute Couture, sur la pente dangereuse du déficit. Un état de fait que le couturier ne voudra pas tout à fait entendre, partagée entre aveuglement et refus de se laisser dicter quelque impératif restreignant sa création. Très sourcilleuse à l'égard de l'image de sa Maison, elle camperait sur une position ; celle-ci ne se conciliait pas avec des démarches bassement « commerciales », qualificatif qu'elle donnait aux innovations de marketing. Même à son jeune directeur commercial affectionné, Madame Grès refuserait la diffusion de certains sacs destinés aux détaillants en parfumerie, jugés trop tape-à-l'œil. Vision certes surannée où toute velléité de séduire la clientèle était assimilée à du racolage. Ma grand-mère avait certainement oublié qu'elle avait prêté son visage à une publicité pour les vernis à ongles Cutex dans les années 1930 – le temps avait passé.

Depuis vingt-cinq ans, les incursions récurrentes de la Maison Grès dans le secteur du prêt-à-porter n'avaient pu offrir le résultat escompté tant cette alternative s'avérait contre-nature. Une créatrice qui travaillait depuis 1930 au sur-mesure pour le corps féminin se résignait mal au « commun » de formules standard qui réfrénaient ses envolées naturelles vers les splendeurs de métrages. De surcroît, Mademoiselle n'envisageait aucunement de déléguer sa création. Créant l'événement lors du lancement d'une énième ligne, elle avait lâché : « Je ne suis pas descendue dans la rue, j'y suis montée », trahissant de manière ironique son dédain pour le prêt-à-porter. Il n'y a pas loin de « descendre dans la rue » à « faire le trottoir ». Je surprenais de mon côté des conversations agitées entre ma mère et mon beau-père, qui tournaient autour de ma grand-mère et la dénigraient : obstinée, dépassée, rétive à toute réforme décisive pour l'avenir de sa Maison. Mais quelle réforme son gendre souhaitait-il ?

À cette époque, elle ne m'apercevait guère l'été. Jamais durant l'adolescence je ne retrouverais Saint-Paul-de-Vence, la maison et ses sous-sols, ni la chambre ensoleillée d'où j'observais les passants musardant dans la ruelle en contrebas. Que signifiaient pour le couturier ces vacances aux chambres vides ? Pendant l'année, quelques occasions notables faisaient prétexte à nos retrouvailles. Ainsi en 1980, son élévation au grade d'officier de la Légion d'honneur nous poussait dans les bras l'une de l'autre. Anne Grès n'y assistait pas, étonnant peut-être ceux qui auraient ignoré la distance qu'elle avait instaurée avec sa mère – tout en continuant de travailler à la Maison Grès. Du bout des lèvres, elle avait consenti à ce que je me rende à cette cérémonie – fait notable, je représentais à 14 ans « la famille ». Que cet événement se déroule au domicile de la duchesse d'Orléans n'était peut-être pas indifférent à son absence ; sans doute Gersende entourait-elle encore davantage ma grand-mère dans sa solitude. Anne s'écartait désormais d'un entourage qu'elle avait côtoyé jusqu'alors ; son compagnon partageait pourtant avec la famille d'Orléans une communauté de milieu, l'aristocratie. Il était touchant de voir combien ce jour-là Gersende offrait spontanément à l'héroïne du jour sa prévenance affectueuse, ainsi que l'aurait fait une fille. Grâce à leur amitié j'avais souvent fréquenté cet appartement de la place Vauban, regardé Gersende jouer du piano et chahuté dans les couloirs avec ses enfants. Sa collection de papillons rares et hypnotiques et ses œuvres de Vasarely me fascinaient. La cérémonie se tenait dans son salon aux murs garnis de bibliothèques, chaleureux, et non dans le faste d'une grande salle de réception. S'y côtoyait ce soir-là un aéropage de dames en tailleur ; la luminosité ondoyante d'un audacieux Vasarely dominait le classicisme des meubles d'époque, clin d'œil au tempérament de la maîtresse de maison.

Cette séquence honorifique resurgit de ma mémoire grâce à une coupure de journal conservée par « une ancienne » de la Maison Grès, extrait d'une page mondaine de *L'Officiel** qui recèle l'une des seules apparitions publiques du couturier aux côtés de sa petite-fille. La vision des petites photos légendées me projeta soudain dans l'atmosphère de cette fin d'après-midi et ses bruissements de conversations, dont ma grand-mère était le centre, aussi menue et attentive qu'un moineau. Je me rappelais la présence de l'énergique ministre à la Condition féminine de l'époque, Monique Pelletier, son chemisier en soie fermé d'une lavallière, sa mèche et sa voix grave. Autre figure plus glorieuse encore, dont ma grand-mère m'avait conté le destin et le

* *L'Officiel de la couture et de la mode de Paris*, mars 1981.

courage, Jacqueline Auriol, un ancien pilote d'essai au visage durement marqué par un accident d'avion. « Imagines-tu cette femme qui a été si belle et qui se voit dans la glace chaque matin ? » Elle admirait en elle la femme d'action qui avait embrassé une carrière masculine – deuxième femme de l'histoire pilote d'essai en France et recordwoman de vitesse en avion. Ma grand-mère avait ceci de touchant qu'elle aimait admirer. Du haut de sa « tour d'ivoire » elle gardait une fenêtre ouverte sur le monde et les exploits de ses contemporains, bien étrangers aux salons Haute Couture. Elle goûtait la valeur de tempéraments prêts à se dépasser pour affronter le danger sans faiblir : Madame Grès n'aimait pas les tièdes. Dans sa jeunesse, elle vouait une admiration sans bornes à l'écrivain aventurier Joseph Kessel et à l'aviateur Jean Mermoz, avant de s'intéresser au navigateur Éric Tabarly dans les années 1970. Autant de figures dont son enthousiasme jamais blasé me louait les hauts faits. Elle m'offrait bien souvent à lire leurs récits.

Mais il y avait peu d'hommes dans l'assemblée présente qui célébraient autant le couturier œuvrant pour le prestige français que la valeur d'une « femme chef d'entreprise ». C'est certainement en femme que la créatrice recevait avec une grande fierté cette croix épinglée sur son cœur, elle qui avait triomphé de tant d'obstacles que son sexe avait dû affronter au cours du siècle. Et c'est aussi en femme patriote éprise du souvenir de la France libre que Madame Grès avait invité Mme Couve de Murville, cliente fidèle et épouse du Premier ministre de Charles de Gaulle, artiste peintre sous le nom de Véra Fabre. Elle partageait de vraies affinités avec des personnalités qui, non contentes d'être mariées à des hommes en vue, se réalisaient par elles-mêmes avec authenticité. Il en allait de même pour Lucie Faure, épouse du ministre Edgar Faure et poétesse. Pour ma part, cette cérémonie avait tout d'un baptême du feu (toutes proportions gardées). Revoyant l'image où d'une main elle effleure sa croix de Légion d'honneur et de l'autre elle s'appuie sur mon épaule, son regard me couvant avec tendresse, je remarque mon sourire confus. Sans le savoir, le photographe avait saisi mon état d'esprit de l'instant : fière de ma grand-mère, affreusement intimidée par l'assistance qui faisait assaut de gentillesse à mon égard, et gauche, gênée de moi-même. Elle m'avait toujours surnommée « mon petit diable » ou « mon petit canard ». Je me voyais comme un vilain petit canard, avec l'allure d'un garçon manqué qui ressemble pourtant à une fille, des cheveux courts que je rêvais longs mais que ma frisure contrariait, une veste tailleur de pensionnaire et des joues d'enfant. Je n'osais trop sourire à cause de mes grandes dents. Autant de caractéristiques qui ravissaient ma grand-mère, me caressant la joue en public – comme le font toutes les grands-mères à la honte de leurs petits-enfants qui grandissent. Précieux moments. Mais où que j'aille et même dans ces moments de gaieté, persistait le rappel intérieur que tout ceci n'était que fugace car il me faudrait quelques heures plus tard retourner là d'où j'avais été tirée : c'est aussi cet état d'esprit que remémore cette photo.

En 1981, l'élection présidentielle faisant triompher les socialistes occasionna un séisme dans la France entière – aux motifs variables selon les classes sociales. Chez certains électeurs de droite (dont la fille du couturier), une frayeur caricaturale voyait déjà se profiler les chars russes sur la place de la Concorde. Ma mère et mon beau-père envisageaient de s'exiler aux États-Unis, de peur d'être dépossédés par les « Rouges ». Ma grand-mère, de son côté, avait toujours fait preuve de prudence diplomatique avec le monde politique, pourvoyeur historique de clientes pour la Couture ; c'était pour elle source de fierté d'habiller les épouses d'ambassadeurs dont la fonction exportait le prestige français. Les dynasties des affaires et de l'industrie, dont la fortune touchait au pouvoir politique, lui avaient aussi toujours offert un vivier de clientèle à forte visibilité. Madame Grès n'affichait pas d'orientation politique, son inclination allait à la France – elle n'avait toutefois connu que des régimes de droite depuis plus de quarante ans. Son tempérament adroit savait composer avec celui des femmes de ministre ou ministres elles-mêmes, qu'elle recevait en personne. Sous la présidence de Valéry Giscard d'Estaing, son respect allait d'évidence à Mme Simone Veil. À mots feutrés elle évoquait Mme Ève Barre, épouse du Premier ministre, une ancienne beauté polonaise au caractère exigeant. Les « anciennes » de la Maison regorgeaient d'anecdotes savoureuses – voire sulfureuses – sur les mœurs de certaines clientes : l'intimité des essayages, dont certains se déroulaient au domicile des plus favorisées, pouvait dévoiler des aspects inattendus de leur vie privée – le couturier ne savait rien de ces petites histoires d'arrière-boutique. J'appris par d'anciennes premières d'atelier qu'une dame très haut placée omettait de rendre à la Maison Grès les robes qui lui étaient prêtées. En vertu d'« échanges de bons procédés », Madame Grès n'aurait jamais refusé de prêter ses modèles : c'était fierté pour sa Maison d'être sollicitée par l'entourage du pouvoir en place. Une vitrine certes glorieuse mais qui malheureusement ne rapportait pas un centime. Car si ces dames occupaient une position de premier plan, peu d'entre elles disposaient de fortunes en rapport. De tout temps, l'épouse du président de la République était venue chez Madame Grès. Cela passait inaperçu dans les années 1970-1980 puisque aucune ne portait les drapés emblématiques de sa Maison, mais plutôt sobres tailleurs, manteaux et robes d'après-midi. Une image publique qui servait hélas peu l'esprit de modernité dont avait besoin la Maison Grès à cette période.

Avec l'arrivée de la gauche au pouvoir – et de ministres communistes –, le vent tournait pour les grandes fortunes françaises : être riche était désormais mal vu. Les réformes conduites sous la présidence de François Mitterrand ne tardèrent pas à assujettir Madame Grès au nouvel impôt taxant les plus nantis. N'étant pas à une bizarrerie près, ma grand-mère déclarait comme bien des artistes que le communisme portait de très belles idées : la générosité, l'égalité de bonheur matériel pour tous, notamment pour les plus pauvres qui manquaient de tout. Elle était éprise d'idéal. Mais en 1981 comme en 1968, le couturier fait partie d'une élite prévoyante qui se félicite d'avoir quelques subsides à l'abri d'établissements bancaires par-delà les Alpes. À plus d'un titre la conjoncture de l'époque joue contre la Haute Couture, tarit sa clientèle : récession économique, changement de génération et déferlement du prêt-à-porter de luxe auquel Grès reste la dernière grande Maison à ne pas succomber. Les symboles d'opulence et de privilège ne sont plus dans l'air du temps, bien qu'émerge simultanément l'expression « gauche caviar ». L'image de la Maison Grès, m'expliquerait son ancien directeur des Parfums, était alors celle d'un nom extrêmement prestigieux mais confidentiel, dévolu à des clientes « d'un certain âge ». Cruel paradoxe puisque les magazines de mode internationaux célébraient invariablement l'indémodable des drapés de ma grand-mère ou ses inimitables robes du soir, dont l'objectif de Guy Bourdin et Helmut Newton exaltait la jeunesse.

Bien malgré elle, Madame Grès devenait une icône quasi muséale, qui suscitait le rêve mais ne s'inscrivait plus tout à fait dans l'actualité. Je l'entendis citer évasivement, peu enthousiasmée, un projet d'exposition qui devait lui être consacrée au musée de la Mode et du Costume – le Palais Galliera. Ses robes entrant au musée à l'égal d'œuvres d'art : j'étais éblouie. Le sujet disparaîtrait des conversations. J'ignorais qu'elle avait annulé au dernier moment cette rétrospective, décision née sans doute de deux réserves. D'une part, elle avait « une dent » contre la directrice du musée, Yvonne Deslandres, une vieille connaissance. Nous la recroiserions ensemble en 1985 lors de l'inauguration du musée de la Mode au pavillon de Marsan : leur cordialité était plus que fraîche, et ma grand-mère diserte en commentaires acides. D'autre part, « entrer au musée » aurait signifié pour elle, vivant foncièrement dans le présent, l'équivalent d'une momification. La connaissant, j'imagine aussi sans mal que si la présentation de ses créations n'avait pas obéi à ses exigences, Mademoiselle aurait coupé court. L'incohérence du contexte de ces années 1980 était terrible à son égard : les journalistes sollicitaient de plus en plus le personnage de Madame Grès, devenu presque médiatique, alors que les commandes n'équilibraient plus les dépenses de la Couture. Ne vivant plus à ses côtés, j'ignorais même que la télévision s'intéressait à elle, une nouveauté à laquelle elle se pliait d'assez bonne grâce. Elle n'en tirait aucune gloire et, ma mère ne m'en parlant pas, je passai à côté de séquences que j'aurais regardées avidement : incroyable, ma grand-mère fut invitée au journal télévisé et questionnée par le tout jeune Jean-Claude Narcy, célèbre présentateur d'alors. Revoir aujourd'hui son visage qui s'anime sur l'écran, entendre sa voix, est un choc. L'une de ces interviews retint mon attention ; elle atteignait sans le savoir l'essence de sa personnalité : « Madame Grès, avez-vous des secrets ? » demande le journaliste hors champ, la caméra scrutant au plus près, avec indécence, son profil et les détails de son épiderme (elle dut détester ces images). « Des secrets… ? Non, je n'ai pas de secrets », répond-elle sans se démonter, mais – j'avais la pratique de ses intonations – d'une voix qui soudain faseye d'émotion. Perspicace intervieweur, Jean-Claude Narcy perçut d'instinct que « la grande dame de la Couture » devait cacher derrière ses airs de mère supérieure les mystères de toute une vie. Le magazine télévisé *Aujourd'hui Madame*, très regardé l'après-midi par les femmes au foyer, avait consacré une émission entière à la visite des coulisses de la Maison Grès. Je ne découvris son existence qu'en 2011. Ma grand-mère m'avait certainement évoquée en aparté avec la journaliste car celle-ci va interroger ma mère à ce sujet : « Il paraît que Madame Grès est très proche de sa petite-fille… » ; « Oui, elles s'entendent très bien », répond-elle d'une voix atone que je ne connaissais que trop bien.

L'époux d'Anne Grès avait trois enfants à Paris nés de son premier mariage, qui cessèrent peu à peu de venir à sa nouvelle adresse du Val-d'Oise. L'un d'eux m'apprit qu'ils ne reverraient pas leur père avant dix ans à cause de l'attitude de sa nouvelle compagne. Le temps était loin où Madame Grès accueillait en grand-mère ce petit garçon dans notre appartement du 16e : il paraît qu'elle était aux petits soins avec l'enfant. L'imaginant, je réalisai une fois de plus combien son cœur était ouvert. À partir de 1982, la retrouver serait plus que difficile. Pour reprendre le château de famille érigé par ses ancêtres, mon beau-père persuada ma mère de déménager aux confins de l'Yonne. C'était un lieu de poésie désolé en plein hiver mais enchanteur l'été, environné de terres champêtres. Nous demeurions désormais à deux heures et demie de Paris, en rase campagne. Vaillamment, Jean de S. partait chaque matin à l'aube rejoindre son bureau de la rue de la Paix pour revenir à la nuit tombée, mais seul. Désormais comtesse, ma mère était occupée par sa nouvelle vie de province – entre perroquets malades de froid et peintures à rafraîchir. Elle acheta un couple de paons, nouvelles majestés du domaine, et pour les douves des bernaches qui pinçaient les mollets des visiteurs. Ma grand-mère venait de temps à autre le temps d'un dimanche admirer tout ceci. En visite dominicale, la famille de Jean regardait d'un œil plus que sceptique la « pièce rapportée » à laquelle il avait donné son nom. Anne appréciait d'être éloignée des « contraintes » de Paris, de la Maison Grès et de son statut de fille de couturier, sans cesser d'en recevoir à distance quelque avantage pécunier ; cet univers n'était soudain plus le sien. Elle montra un rapide désintérêt pour l'affaire familiale dont elle était pourtant actionnaire, regardant ailleurs puisque son époux s'en occupait. Et même davantage, puisqu'elle se plaçait dorénavant de son côté, aux dépens de sa mère : Anne avait décidé de prendre parti pour « l'avenir ». Ma grand-mère lui ferait remarquer que ses visites à Paris se faisaient fort rares désormais. Sa sensibilité de mère avait l'exacte perception des réalités du moment : Anne se désengageait de sa loyauté de fille. La flagrance de cette nouvelle froideur infligeait à son cœur une vive sensation d'ingratitude.

Lisant un courrier de l'époque, je la sentais désemparée, parvenue à la croisée de chemins où elle quêtait l'illusoire soutien moral d'Anne. Celle-ci s'y dérobait. Ironique, le destin allait bientôt mettre le couturier face à un choix cornélien, qu'elle n'aurait souhaité envisager : sa Maison ou sa fille. Rue de la Paix, une nouvelle ambiance régnait, tendue, générée par la situation financière périlleuse de l'entreprise et l'inévitable face-à-face entre Madame Grès et Jean de S. Jusqu'ici, la présence simultanée des membres du trio siégeant à la direction avait empêché tout conflit ouvert entre ses deux décisionnaires majeurs, le couturier et son gendre. Malgré leurs désaccords et afin de ne pas heurter Anne, ma grand-mère s'était toujours efforcée de ne pas le déjuger ouvertement. D'une courtoisie plus que parfaite, il se soustrayait volontiers aux discussions frontales avec sa belle-mère. Il lui marquait le respect dû aux aînés. Puis survint l'incident qui alarma le couturier, fine mouche : le revirement inédit de certaines banques vis-à-vis de sa Maison. Si sa réputation de fiabilité se trouvait pour la première fois désavouée, elle n'allait pas tarder à en trouver la cause : son gendre. Leurs dissensions n'avaient jusqu'alors jamais été entachées du soupçon de malhonnêteté. Absorbée par son activité et rassérénée par sa confiance envers Jean, désormais allié à la famille, le couturier n'a pas vu venir l'impensable. Pour sa défense, son esprit délié aurait pu incarner l'intérêt bien compris de l'avenir de la Maison Grès. Les comptes montraient qu'il avait tramé tout autre chose. Madame Grès elle-même avait fait entrer le loup dans sa bergerie. Que se passa-t-il ? Les versions des protagonistes divergent.

Il est acquis que ma grand-mère, forte de décennies de pouvoir et de succès, de sa position incontestée dans sa corporation – présidente de la Chambre syndicale de la Couture –, n'autorisait personne à lui tenir tête. Si c'est au nom des intérêts de sa famille qu'elle avait placé son gendre à un poste de direction, il restait impérativement soumis à la consulter pour ses prises de décision. Son directeur avait pourtant eu d'autres intentions que lui obéir : première déconvenue, Jean avait engagé des opérations hasardeuses sans son aval, ce qui mit le couturier dans une fureur glaciale. Personne ne pouvait mieux qu'elle apprécier les intérêts de sa Maison, de ses employés. Son intuition lui soufflait qu'il l'évinçait en sous-main. L'homme d'affaires plaidait de son côté le réalisme des affaires contre l'obstination irréaliste du couturier. Notoirement entêté, le grand âge de ma grand-mère n'était surtout pas disposé au conseil déplacé, inaudible, de mettre fin à la Couture. C'est pourtant ce qu'il manigançait, jugeant sa création dispendieuse dépassée. Ainsi, depuis un an, Madame Grès ne recevait plus ni salaire ni dividendes, manière éhontée de lui « couper les vivres ». Plus qu'une crise majeure, une guerre éclatait à la tête de la Maison Grès, alimentée par des griefs devenus personnels. Mon beau-père ne goûtait plus d'être commandé par l'intransigeance de visions passéistes – qui plus est d'une femme et pis, sa belle-mère. L'ancien parachutiste qu'il était, s'il reconnaissait au « sexe faible » des qualités d'agrément, ne lui concédait pas tout à fait les prérogatives qu'avait autrefois remportées ma grand-mère de haute lutte : les affaires étaient une affaire d'homme. En femme qui avait connu toutes sortes d'hommes, elle avait senti poindre dans ses sourires plus de condescendance que de bon vouloir – j'en étais témoin ; cette habitude attisait leur agacement réciproque. Bref, la résolution de sa belle-mère (approchant 80 ans) à ne rien céder, l'empêchant d'agir à sa guise, finit de l'échauffer : il fit circuler à son insu une note interne demandant un rapport sur son état psychologique – évident sous-entendu de son altération –, comptant l'écarter de tout pouvoir dans sa propre Maison. Sa fille était-elle au courant ?

Cette note sacrilège fit le tour des bureaux ; informé, son fidèle directeur adjoint aux Parfums en avertit immédiatement le couturier – lui-même m'apprit les développements de l'affaire il y a peu. Est-il difficile d'imaginer le sentiment de trahison de ma grand-mère, redoublé par l'implication familiale du coupable ? Maîtresse d'elle-même, elle prit son gendre par surprise, faisant à son tour diffuser une note : Madame Grès ôtait tout pouvoir à Jean de S. ; le personnel des Parfums Grès devrait désormais prendre ses ordres de son adjoint dévoué, M. Auzière, qu'elle nomma sur-le-champ directeur général – lui ne la trahirait pas. Ce n'était plus une guerre mais un séisme qui secouait le 1, rue de la Paix. L'époux d'Anne n'avait d'autre choix que présenter sa démission, ce qu'il ferait en toute urbanité – blessé dans son honneur et rejetant toute intention de nuire (je lus la lettre). Mais ma grand-mère découvrit plus grave, un « trou » colossal dans les avoirs des Parfums Grès mettant en péril le paiement des salaires et des fournisseurs. Où s'était évaporé ce capital confié aux bons soins de son gendre ? Brutalement, le couturier était projeté dans de sombres réalités. Sa Maison était au bord de la faillite et sa fille ne prendrait jamais sa suite : « Vous semblez soudain vous désintéresser totalement de l'avenir de cette Maison. J'avais toujours œuvré dans l'espoir que vous continueriez ce que j'avais commencé à bâtir dans l'intérêt de tous… » Par avocat interposé, elle se résout à impliquer Anne dans un conflit où se joue l'avenir des Parfums Grès – elle en est aussi actionnaire. Pour préserver les Parfums et en reprendre le contrôle, le couturier doit en écarter sa fille, sous l'influence de son époux – donc lui en racheter ses parts. Elle lui en propose 1,4 million de francs, soulignant l'évidente générosité de son offre au vu de son investissement initial. En mère, elle le fait la mort dans l'âme : « Crois bien que jamais je n'œuvrerai dans un désir de spoliation envers toi. Cette décision qui a toujours été contre mes principes me semble aujourd'hui indispensable pour sauver ce qui reste à sauver. »

Ma grand-mère lui intimait ainsi de ne pas mettre en péril les intérêts de la famille et ce qui avait toujours assuré sa subsistance : la Maison Grès, l'œuvre de toute sa vie. Mais Anne avait changé de camp sans grand remords, ce que ma grand-mère avait compris : « Beaucoup de tristesse est en moi. Toi je te souhaite la santé, le bonheur et que toutes difficultés de ce genre ne t'effleurent jamais. » La rupture s'annonçait sous des auspices que son cœur n'aurait pu imaginer, auxquels l'argent instillait son poison, car elle savait bien sûr qu'Anne ne résisterait pas à la somme proposée. Mais au fin fond de l'Yonne, dramatiquement oublieuse de ce qu'elle doit à sa mère, qui en plus de quarante ans ne l'a jamais délaissée, Anne va se plaire à retarder aussi longtemps que possible sa réponse au couturier. Le contraste entre la grandeur et la pondération de ma grand-mère et les démonstrations de folie furieuse de sa fille fut saisissant. Ma mère laissait libre cours à des déchaînements verbaux insoutenables, au-delà du tabou : des mots que rien ne pourrait effacer, un spectacle de haine que rien n'aurait pu justifier – étais-je donc née de cela ? Mon beau-père, par contraste et malgré ses manquements, faisait preuve de dignité. À cette époque, ma grand-mère et moi avions repris de nouveau les retrouvailles en cachette ; que cela se découvre aurait eu des conséquences que je n'osais envisager. J'avais repéré lors de flâneries en mobylette une auberge de campagne à une dizaine de kilomètres. C'était rocambolesque : elle venait de Paris jusque dans le Loiret avec son chauffeur pour que nous prenions le thé. Des silences ponctuaient ces heures suspendues de parenthèses qui me serraient le cœur. Dans ces moments de mutisme, inhabituels de sa part, résonnait comme un glas de solitude : si présente dans ses pensées, la trahison de ma mère se ressentait. Elle venait chercher dans ces moments volés un peu de joie, si fugace, insuffisante. Grandir, soudain… À 16 ans, je commençais à percevoir mon impuissance à ne jamais pouvoir la soulager comme elle savait le faire avec moi. Nous ne parlions pas des « événements », ma grand-mère s'enquérant seulement de savoir si ma « maman » allait bien. Pas une seconde elle ne formulait envers elle de mots amers. Et malgré cela elle continuait de créer. Mais que lui restait-il d'autre ? Peu après je partis vivre chez un garçon, près de mon lycée, trouvant le moyen d'échapper au château maternel jusqu'au baccalauréat. Ma grand-mère venait nous rendre visite le week-end. Je la voyais plus enjouée de nouveau, étonnamment bienveillante vis-à-vis de mon mode de vie. Je travaillais toujours studieusement, là était l'essentiel.

La Maison Grès vivait alors l'embellie financière apportée par la vente des Parfums Grès. Selon le bon vieux principe des vases communicants, la créatrice avait injecté ces millions dans les activités de la Haute Couture. Je ne savais rien à l'époque de ces réalités financières : au lieu de se lancer dans une alliance avec des partenaires en affaires – ce que lui avait conseillé son gendre –, elle avait préféré faire au plus court, sans avoir à s'embarrasser d'une position l'obligeant à rendre des comptes à des investisseurs. Le couturier demeurait toujours en contact avec son ancien directeur des Parfums. Il me raconterait plus tard comment elle engloutit en deux ans les 45 millions de francs prévus pour durer jusqu'à la fin de son activité. Prise d'un enthousiasme de renouveau, rien n'étant trop beau pour sa Maison, elle avait ouvert un atelier supplémentaire, engagé du personnel et donné une réception somptuaire au Ritz pour deux cents invités… Inconscience ? Certainement. Madame Grès avait la grandeur de ceux qui veulent finir debout, percés d'une balle au cœur de la bataille. Elle ne vivait que pour créer des robes jusqu'à en mourir, les épingles en main à l'ultime minute de son existence. Personne n'était censé l'en empêcher. Elle ne pouvait admettre que la survivance du savoir-faire de ses ouvrières, de toute une profession dont elle portait haut l'exception, soit cette fois réellement en jeu. Le couturier s'était un temps réjouie des nouvelles fortunes venues du golfe Persique, patrie du pétrole. Il lui fallait néanmoins adapter tout exprès ses créations pour leurs princesses, allonger ses robes jusqu'à terre et leurs manches jusqu'au poignet. Ces dames enfermées dans leur palais ne venant pas aux défilés parisiens, il fallait aller à elles : la Maison Grès dépêchait par avion mannequins et habilleuses pour leur présenter les modèles. Habituées à ce que les fournisseurs leur obéissent, elles ne traitaient pas autrement le personnel de Madame Grès, n'hésitant pas à le faire attendre deux heures dans leur antichambre. Cette clientèle offrait malheureusement peu de représentation aux modèles puisque les épouses d'émirs ne participaient à aucune manifestation mondaine hors de leur demeure ni en Occident.

Au long de décennies de carrière, le couturier avait fait face à des revers qu'elle avait invariablement surmontés, des victoires sur le destin qui l'avaient confortée en l'immortalité de sa Maison. Sans discontinuer, la ferveur que lui montraient ses richissimes clientes et les journalistes ne faisait pas autre chose, l'amenant à croire que le manque d'argent qui désormais faisait tanguer l'entreprise ne serait que transitoire. Hélas, son incapacité à s'entourer durablement d'alter ego fiables annonçait un avenir désenchanté. Les Parfums Grès vendus, elle était à présent plus que seule à la tête de la Maison Grès, à un âge qui méritait un soutien sur lequel s'appuyer. Mais le souhaitait-elle ? Son bon sens dicta d'abord à ma grand-mère, seule responsable de ses finances, de restreindre ses dépenses personnelles. Plus rien ne justifiait qu'elle conserve son immense appartement des abords du Ranelagh, dont le loyer dépassait maintenant le raisonnable. J'imagine avec quelle amertume elle se contraignit à remiser au garde-meuble la majorité des œuvres d'art et du mobilier inestimable qui l'entouraient, fidèles compagnons de toute une vie. Le couturier fit donation à sa fille du manoir de Pleubian afin qu'il ne tombe pas aux mains des huissiers. Lors de mes années lycée, mes séjours parisiens chez ma grand-mère seraient placés sous le signe de son nouvel appartement, un rez-de-chaussée dont la surface avoisinait un cinquième de l'ancien. Habituée à l'ampleur des pièces où j'avais vécu avec elle, j'eus l'impression, lors de ma première visite, de me heurter aux murs. En l'absence de salle à manger, nous prenions nos repas dans la petite cuisine. Le salon, encombré, ne servait guère. Ma grand-mère avait fait poser aux fenêtres des rideaux de fer. Ses volets, même ouverts, laissaient passer peu de lumière puisqu'un écran masquait la visibilité jusqu'à mi-hauteur. Il en allait de même pour sa chambre voisine, plus réduite en surface que l'entrée. Côté cour, dans une pièce qui servait de remise à une quantité impressionnante de cartons, elle s'était arrangé un coin d'atelier sommaire. Je cherchai en vain la suite d'autres pièces prolongeant l'appartement – il n'y en avait pas. C'était donc là que vivait maintenant ma grand-mère, un petit espace si plein où pourtant je sentais le vide. Surtout, elle n'avait plus de réel atelier de travail : ce lieu symbolique était lui aussi devenu un luxe qu'elle ne pouvait plus se permettre. Ce qui restait de vie ne se trouvait pas dans ce rez-de-chaussée mais bien au cœur de sa Maison. Ne plus voir chez elle ce que j'avais toujours connu, l'âme de son atelier, l'odeur du tissu, me laissait décontenancée. Où avait disparu l'atmosphère de mon enfance, ce sentiment d'immuabilité qu'elle dégageait ? La métamorphose de ce décor intime lui interdisait de recevoir désormais le peu de visiteurs qu'elle accueillait auparavant. Elle qui aimait tant la clarté de lumières naturelles ne vivait plus qu'éclairée aux ampoules électriques. Dans le choix de tableaux qu'elle avait conservés auprès d'elle, aucun ne paraissait plus montrer sa beauté intrinsèque – comme sous éteignoir, les portraits semblaient patienter dans leur cadre jusqu'au décrochage qui leur ferait retrouver la lumière. Perception informulée sur le moment, l'endroit m'évoquait l'antichambre d'une maison en deuil, aux bruits étouffés, où aucune manifestation de joie ne pénètre plus. L'assombrissement de cet appartement correspondait très exactement avec l'assombrissement du destin de ma grand-mère. Je la voyais soucieuse, tendue, mais terriblement tenace, avec une remarquable foi dans le lendemain. L'adversité décuplait les forces qui lui restaient. Pesant plus lourd que jamais, tout le poids de sa Maison tenait sur ses épaules. Même à genoux, elle était déterminée à le porter encore.

Madame Grès avec Jean-Louis Auzière,
ancien directeur général des Parfums Grès (vers 1980).

Chapitre 10

Crépuscule d'une Maison

Changement de décennie et changement d'atmosphère, le milieu des années 1980 amène un bouillonnement créatif mâtiné d'agressivité, volontiers mis au service des publicitaires. Le temps est venu de pulvériser les codes de la vieille génération et surtout de ses conventions. Accédant aux postes de pouvoir, les jeunes figures des années 1970 mettent à l'ordre du jour le principe de « jouir sans entraves » qui infuse dans toute la société. Naissent de nouvelles normes esthétiques aux lignes tranchantes, à la palette cisaillée de nuances criardes : du noir et jaune au rouge et noir, les créatifs – terme en vigueur – imposent des tonalités primaires que le fluo, les paillettes, les bijoux surdimensionnés viennent électriser. Le règne de la nuit et de ses « boîtes » qui la décennie précédente étaient réservées à une clientèle « sélecte » influence la mode. Sur la piste et sa multitude frénétique flashées d'éclairs artificiels, seules les tenues voyantes, l'outrance se font remarquer ; des sous-sols à la rue il n'y a qu'un pas. Les pastels veloutés et la douceur romantique sont passés de mode. Toute la société désormais s'habitue à la fureur d'un certain clinquant et, plus inédit encore, aux signes ostentatoires de réussite jugés vulgaires jusqu'ici ; l'on prend goût à un affichage décomplexé de soi-même popularisé par les médias. La génération respectable qui a connu l'ère de Gaulle, pétrie de discrétion, rejoint le statut d'ancêtre. Ces nouvelles tendances étaient-elles totalement étrangères à Madame Grès ? Pas tout à fait ; impropres, certainement.

Ma grand-mère ne s'est jamais mêlée au « monde de la nuit », tant ses divertissements, entre ivresse et relâchements variés, étaient étrangers à son mode de vie. Si elle sortait une fois le soleil couché, c'était vers des lieux brillant des feux de mondanités officielles et honorables, sans faune désordonnée. Fait délicieusement inédit, il lui arriva néanmoins de se faufiler incognito dans des ambiances beaucoup moins feutrées, et à un âge auquel elle n'aurait pu être soupçonnée d'en partager les ébats. Ainsi elle délaissait parfois les convenances de son 16e arrondissement pour aller humer l'air nocturne diantrement plus vivant de Saint-Germain-des-Prés : le quartier de Saint-Sulpice, à quelques mètres des vitrines d'images pieuses (aux arrière-boutiques parfois peu innocentes), recélait en effet des adresses prisées des noctambules – le couturier connaissait d'autant mieux ses petites rues qu'elle y avait acquis le magasin de sa fille dans les années 1960. C'est là qu'habitait son jeune mannequin fétiche de l'époque, la jeune Tharita. La nuit tombée, ma grand-mère en quête de compagnie venait régulièrement sonner impromptu à sa porte – étonnant tableau d'une sommité de la Couture brisant à 70 ans bien sonnés ses soirées solitaires pour happer la gaieté revigorante de la jeunesse. Tharita lui faisait franchir la porte d'un restaurant voisin dont l'ambiance différait quelque peu de ses lieux habituels. Chez Fernand, en fin de soirée, des messieurs habillés en femmes dansaient sur les tables. Madame Grès observait tout cela sans sourciller, nullement effarouchée. Incongrus, sa présence et son turban austères étaient regardés de biais, jetant un certain froid dans l'assemblée. Chez Fernand était un lieu confidentiel. Tharita m'expliquerait que personne n'imaginait proposer à Madame Grès ce genre de soirée divertissante – bien à tort. La jeune Brésilienne avait osé. Mais encore : un soir de fête au Palace, haut lieu des nuits parisiennes des années 1980, Jerry Hall* et Tharita auraient la surprise d'apercevoir le couturier au turban en grande conversation avec Fabrice Emaer, le célèbre directeur de l'endroit.

---

* Mannequin américaine des années 1980, compagne de Mick Jagger.

Des témoignages similaires confirment cette facette insoupçonnée : l'âge venu ne contrariait pas chez elle quelque appétence à l'excentricité – limitée toutefois. Durant l'un de ses séjours new-yorkais, il semble que Madame Grès n'ait pas dédaigné pousser la porte du Club 54, un night-club très couru : elle fut remarquée, assise dans un coin discret, en train d'observer le spectacle environnant, débridé. Cette visite quasi touristique d'un endroit qui devait pour elle s'apparenter à un zoo témoignait de sa curiosité du présent et d'une capacité fort vivace à s'extraire du conventionnel, au regard de sa rigidité envers ce qui touchait à sa réputation ou sa Maison. En 1979, les photos du gala annuel de la Maison Grès à l'hôtel Pierre de New York montrent ma grand-mère en chaleureuse conversation avec Régine, fameuse « reine de la nuit » française, leurs mains étroitement embrassées, le regard complice. Il est vraisemblable que le couturier connaissait de réputation cette femme à la réussite hors norme dont le destin d'une certaine façon faisait écho au sien : son destin de fillette juive ayant survécu à la guerre, son parcours de travailleuse acharnée et de femme audacieuse aux succès internationaux, qui implantait ses clubs de Paris à Rio de Janeiro.

Ma grand-mère atteignait 80 ans. S'était-elle convaincue de fléchir un peu sa réserve légendaire ou d'étonner toujours et encore le monde ?

J'appris avec incrédulité qu'elle allait participer à l'émission télévisée la plus controversée des années 1980, *Droit de réponse*, présentée par le journaliste Michel Polac. Autant mettre un paon au milieu d'une basse-cour. Diffusée en direct le samedi soir, *Droit de réponse* se caractérisait par un plateau d'invités hétéroclites débattant dans le plus grand désordre autour d'un sujet donné – polémique de préférence –, dans une ambiance volontiers houleuse et tabagique ; le tout à la grande joie ou la consternation des téléspectateurs. Le policé n'étant pas de mise, la soirée tournait fréquemment à l'empoignade. Madame Grès fut conviée au débat consacré à la mode et, plus incroyable, elle avait accepté l'invitation. Situation inédite où la préséance hiératique de sa position était ignorée, elle se retrouvait assise coude à coude avec les autres invités, à la manière de convives sur une banquette de restaurant. Juste à ses côtés était installé Jean-Paul Gaultier en marinière : je croyais avoir une hallucination devant mon téléviseur. C'était tout l'art de Polac, mêler « innocemment » les contraires et attendre la déflagration : il n'y en eut pas ce soir-là. Ma grand-mère n'était pas loin d'incarner pour tous leur mère ou grand-mère en couture, seule représentante de sa génération cernée de jeunes créateurs qui, s'ils chahutaient la mode, n'étaient pas venus bousculer sa figure tutélaire. Sonia Rykiel, Kenzo, Per Spook et bien d'autres apparaissaient dans le champ de la caméra en confrères et concurrents peu enclins aux joutes verbales. Ce soir-là certainement, toutes les ouvrières de Mademoiselle guettaient de sa part le moindre cillement, la petite phrase : elle ne se départit pas de son impassibilité, écoutant et se livrant peu, fidèle au mystère caché sous son turban. Vaine illusion de croire qu'elle se serait laissée aller à quelque discussion familière avec ses voisins : c'est au présentateur et au téléspectateur qu'elle s'adressait, impériale.

À cette époque hélas, la Maison Grès est au plus mal, semblable à une divinité antique dont la beauté immortelle mais pétrifiée menace de tomber en poussière. Sans doute ma grand-mère crut-elle une fois de trop en l'impossible, s'enfermant plus que jamais dans sa création et se persuadant qu'encore sa Maison se relèverait, invincible. Le manque d'argent va l'acculer dans une impasse dont elle ne peut se dégager sans appui. Le vertige évidemment la saisit à la pensée de son personnel auquel elle doit tout, inconditionnellement fidèle, de ses ouvrières qui ne comptent pas leurs heures pour terminer les modèles de ses collections, des anciennes trop anciennes pour être engagées ailleurs. Que va-t-il advenir si Mademoiselle ne paie plus leurs salaires ? À reculons, le couturier se résout bientôt à une décision toujours différée : faire appel à un partenaire financier extérieur. Une démarche qui lui fait violence et officialise sa situation de vulnérabilité. Elle devra faire fi de sa répugnance instinctive envers une intromission étrangère à sa famille, susceptible d'interférer dans son règne « absolu » au nom du pouvoir de l'argent, une forme d'abdication. Mais Madame Grès est prête à tout pour préserver sa Maison, sujet de fierté qui lui interdit d'en brader la réputation. Habituée aux jeux d'influence, ce sont les intimes du « pouvoir » qu'elle va approcher discrètement, en quête de conseils. Étrangère au nouveau milieu des affaires et méfiante, son orgueil redoute plus que tout que son infortune ne s'ébruite : ses « concurrents », d'après elle, n'attendent que sa chute. Dans ce milieu, seul Hubert de Givenchy a toute sa confiance. Plus prosaïquement, étaient-ils nombreux ceux qui désiraient se frotter au caractère insubmersible de la créatrice, miser des capitaux sur son âge ? Sa réputation n'était plus à faire : haute à la dépense, voire pis, faisant s'envoler les dizaines de millions plus vite qu'un joueur à la roulette. Parmi ses clientes du moment, ma grand-mère pouvait compter sur une figure de confiance, Christine Gouze-Rénal, belle-sœur du président de la République.

Il n'est pas exagéré d'affirmer que sur le chemin de la déroute, elle s'était découvert une nouvelle amitié – le régime socialiste lui aurait au moins apporté cette joie. Mme Gouze-Rénal, qui avait l'âge d'être sa petite sœur, avait connu un destin aussi unique que le sien. Ses péripéties et la similarité de leurs trajectoires de femmes indépendantes n'avaient pu que renforcer la considération du couturier à son égard : résistante pendant la guerre sous le faux nom de Rénal et première femme productrice de cinéma en France dès les années 1950, donc courageuse, engagée, et pionnière en son genre dans un univers exclusivement masculin. La renommée de « Christine » dans son milieu professionnel était due à sa position de productrice attitrée des films de Brigitte Bardot ainsi qu'à leur amitié inconditionnelle. L'Académie des César du cinéma français lui remettrait un César d'honneur de productrice en 1985. Je voyais ma grand-mère touchée du soin que portait à sa féminité cette femme d'un certain âge, épouse très amoureuse d'un homme plus jeune qu'elle, l'acteur Roger Hanin. Leur complicité de femmes se jouait aussi là, le couturier lui marquant une attention privilégiée de conseil quant au style des modèles qu'elle commandait, à leur adaptation, faisant tout pour que « Christine », très coquette, soit à son avantage. Par contraste, sa sœur Danielle, qu'elle avait amenée à sa suite dans les salons de la Maison Grès, n'y était guère à son aise, assez farouche et peu friande de sophistication haute couture malgré sa position d'épouse du président ; ma grand-mère le regrettait car, disait-elle, sa silhouette autorisait tout. C'est donc par le biais de Christine Gouze-Rénal, en qui elle trouvait une écoute désintéressée, que Madame Grès allait s'enquérir d'un nom fiable, susceptible de participer au capital financier de sa Maison. Sous les auspices du ministre de la Culture Jack Lang, la mode avait à cette époque le vent en poupe : officiellement hissée au rang d'« art majeur », elle servait une démocratisation culturelle voulue par les socialistes qui allait la faire entrer dans une aile du Louvre – dans son malheur, Madame Grès avait quelque chance. Sa proximité providentielle avec « Christine » lui permettait d'approcher au plus près le pouvoir pour plaider sa cause. Frêle silhouette accompagnée de sa dévouée secrétaire, la créatrice va profiter d'une réception en faveur de sa corporation pour glisser quelques mots de supplique à Jack Lang et au président François Mitterrand. En ce moment critique, l'appui naturel dont elle a le plus besoin, sa fille, ne compte pour rien : séparée de son époux, Anne Grès est revenue depuis peu dans son giron, l'oreille basse, mais n'est hélas pas en capacité de la servir en quelque façon, peu introduite dans les arcanes des affaires. Elle dessine des foulards pour la Maison Grès, tâche que, magnanime, le couturier lui a affectée.

En 1984, l'avenir de Madame Grès et de sa Maison va se jouer à peu de nuances près sur la confiance qu'elle porte dorénavant au gouvernement en place : on lui a promis de l'aider à sauver son

Nom et elle s'accroche désespérément à cet espoir. Un nom sort du chapeau : Bernard Tapie. Il s'en est murmuré un autre, Serge Lutens*. N'était-ce que rumeur ? Que serait-il advenu si ma grand-mère avait porté son choix sur cet esthète de la beauté féminine ? Dans les années 1980, Bernard Tapie est l'incarnation même de la réussite, petit vendeur en porte-à-porte devenu capitaine d'industrie. Les vieilles dynasties des affaires le regardent avec l'œil que l'aristocratie d'Ancien Régime a pour la noblesse d'Empire, dédaigneux. Doté d'un bagout hors pair, son personnage télégénique à pochette voyante fait merveille dans les médias, qui mettent en avant ses qualités de patron « sauveur » d'entreprises : il les rachète pour 1 franc symbolique, les revendant ensuite avec force bénéfices et quelque casse dans l'effectif des salariés. Pour un gouvernement socialiste, donc intrinsèquement mal vu du patronat, Bernard Tapie arrivait à point nommé. Claironnant son affinité politique de gauche, il allait servir efficacement l'objectif du nouveau pouvoir, apprivoiser le monde de l'entreprise. L'homme d'affaires prend une participation de 66 % dans la Maison Grès, bien décidé à dépoussiérer son image : pourquoi ne pas mettre son nom sur du mobilier ? La presse se délecte aussitôt de

* Créateur de parfums et gammes de maquillage (pour Shiseido, dans les années 1980).

l'union contre-nature entre l'austère couturier et le clinquant businessman : « Le nouveau fiancé de Madame Grès », lirais-je même… J'entendrais entre autres choses qu'il renflouait la Maison Grès pour faire plaisir aux Mitterrand, ou qu'il voulait « offrir » à son épouse une Maison de Couture : en effet, ne la voit-on pas dans un grand quotidien « faisant une robe avec Madame Grès » [*sic*] ? Ma grand-mère manquerait s'étrangler en lisant le commentaire… des mises en scène auxquelles elle doit se soumettre, n'étant plus maîtresse en sa demeure. Bernard sort un disque-titre, *Réussir sa vie*. Les salons de la Maison Grès serviront de lieu de réception pour sa promotion, la créatrice faisant acte de présence. Parmi les invités figure Lino Ventura, qui vient la saluer respectueusement.

J'assistai au défilé inaugural de l'ère Tapie en 1985. Jamais le règne de Madame Grès n'aurait auparavant autorisé un tel brouhaha. Les journalistes avaient accouru en nombre, venus assister au grand coup de frais administré à la doyenne de la Couture par le fringant propriétaire des balances Terraillon. Sacrilège, Bernard avait imposé la diffusion d'une sonorisation musicale très années 1980 pour accompagner le défilé, au motif que Grès devait emboîter le pas de la modernité : euphémisme de dire que l'effet produit jurait avec le style de la Maison. Expert dans l'art de mettre en scène ses succès, l'homme d'affaires n'avait rien laissé au hasard, conviant ce jour-là la princesse Stéphanie de Monaco, sur le point de se muer en princesse-chanteuse pour enflammer les hit-parades avec son disque *Ouragan*. Assise au premier rang avec Tapie et Madame Grès, la jeune beauté monégasque résumait à elle seule le nouveau monde écrasant l'ancien. Sa notoriété de jeune « princesse rebelle » et la publicité de ses amours décomplexées brisaient les codes de l'aristocratie compassée, faisant le grand écart avec l'image de feu sa mère la princesse Grace, cliente fidèle de ma grand-mère. Sans grande délicatesse, Tapie faisait passer au couturier un message à peine voilé : elle appartenait au passé. Le grand salon blanc vibrait du bourdonnement des flashs dardés sur la princesse Stéphanie. Foin des places attribuées, les spectateurs massés debout piétinaient jusqu'au moindre recoin la moquette et ses souvenirs ineffables. Le plus drôle – mais n'était-ce pas tragique – était le visage de ma grand-mère, fort expressif : elle avait abandonné le sourire de contentement des photos immortalisant son alliance avec Tapie. Renfrognée et désapprobatrice, elle ne s'efforçait guère de dissimuler la contrariété que lui inspirait l'atmosphère de foire de son grand salon, livré à un bateleur. Car si l'on assistait bien à un défilé de Madame Grès, ni la créatrice ni ses modèles ne semblaient être au centre de l'attention, éclipsés par les effets de manche de Bernard, tout sourire.

Le même jour sans doute, je rencontrai Tapie. Nous nous tenions dans un petit salon à l'écart du brouhaha, un tableau avec les trois générations de Grès, le couturier, sa fille et sa petite-fille. À son irruption, ma grand-mère fit les présentations : « On dirait deux sœurs ! » s'exclama-t-il nous découvrant, ma mère et moi ; et nous de sourire de concert, interloquées. S'il n'était pas à une outrance près, celle-ci montrait combien il tenait ses interlocuteurs pour des idiots. Ma grand-mère me glisserait par la suite avoir exigé que le contrat la liant à l'homme d'affaires garantisse un salaire à sa fille et à sa petite-fille. Quoi qu'il arrive, la protection des siens restait son principe cardinal. Mais le couturier éprouvait soudainement les conséquences d'une brutale et prosaïque réalité : elle était en position inférieure dans sa propre Maison, dont elle ne possédait plus que 44 %. « Je ne suis plus chez moi », l'entendait répéter son personnel à l'envi. Ainsi, aux nouveaux mannequins : « J'aimerais vous garder pour la saison prochaine mais je ne fais pas ce que je veux… » Le juvénile styliste Marc Audibet est arrivé dans les murs afin de seconder Mademoiselle pour le prêt-à-porter : chacun fait plus ou moins contre mauvaise fortune bon cœur, l'inflexible créatrice n'épargnant pas le nouveau venu submergé par le trac. Ce passage à la Maison Grès lui laisserait des souvenirs épiques. Aux bureaux du premier étage, l'installation de la nouvelle direction bombardée par Tapie – tirée de L'Herbier de Provence, cosmétiques aux plantes rachetées par ses soins – a fait tomber dans l'oubli le bon vieux temps pas si ancien d'Anne Grès et son époux. Elle dispose à présent pour ses foulards d'un réduit au dernier étage. Ces bouleversements resserrent évidemment les rangs des employées « historiques » autour de Mademoiselle. Jeunes modélistes du prêt-à-porter, deux petites « nouvelles » sont rapidement adoptées par ma grand-mère, coutumière de petites incursions jusqu'à leur soupente surchauffée sous les toits. Elle vient s'asseoir près de leurs grosses machines à coudre industrielles et s'épancher, raconter ses voyages autour du monde, fendant l'armure de sa réserve légendaire. Ses fidèles souhaitant la préserver, jamais le couturier ne serait informée de certains propos de Bernard Tapie : « Elle est où la vieille ? » clamait-il à son arrivée, ouvrant grand la porte de l'étage. Petite éclaircie début 1986, elle devint arrière-grand-mère. Mon fils naissait hors mariage et portait mon nom. Sa largesse d'esprit, avérée, ne dit mot. Elle traversait, très grande dame, les couloirs d'un hôpital de banlieue populaire pour venir visiter le nouveau-né et sa jeune mère, attendrie par ce tableau de félicité.

Mais au 1, rue de la Paix, les noces entre l'homme d'affaires et la créatrice virent à l'aigre. Madame Grès, que son grand âge n'assouplit guère, ne s'agrée ni de ses manières désinvoltes ni de sa basse considération pour son art, estimé à l'aune du profit. Bernard Tapie, qui espérait racheter les Parfums Grès pour parfaire son acquisition, n'y parvient pas et se lasse bientôt de la Maison Grès : elle ne lui rapporte pas la mise escomptée. Ses intentions n'ont jamais été celles d'un mécène mais d'un investisseur, son état d'âme ignorant jauge plus élevée que la rentabilité. Survient un coup de tonnerre : la Maison Grès est exclue de la Chambre syndicale de la Haute Couture pour non-paiement de ses cotisations, alors même que Madame Grès en est la présidente en exercice. Une sanction doublée d'humiliation qui fait grand bruit dans le monde de la Couture, révélatrice de l'indifférence au sort de sa doyenne, chantre de sa corporation : en effet, le montant attendu n'excède pas 10 000 francs. Mais Grès ne veut pas mourir. Au Trocadéro, ses phénoménales robes drapées défilent au premier rang du Festival international de la mode, éblouissant chant du cygne au ciel nocturne du Paris éternel. La féerie des feux d'artifice semble honorer le souvenir de la jeune femme qui recevait là même le premier Prix de couture de l'Exposition universelle, quelque cinq décennies plus tôt. Peu importent ces démonstrations d'hommage, Tapie veut se défaire de la Maison Grès, agitée il y a peu comme la marotte lui ayant permis de pénétrer le monde du luxe : il ne voit plus en ce nom historique qu'un sac de dettes en puissance, une affaire destinée à être revendue au plus offrant. Les négociations de son rachat sont engagées avec une Maison étant elle aussi passée de main en main, Jacques Esterel. Connue pour avoir habillé Brigitte Bardot, Esterel avait été reprise par le « milliardaire rouge » Jean-Baptiste Doumeng, communiste haut en couleur, puis par son bras droit Benoît Bartherotte, un homme d'affaires de conviction : derrière ce repreneur se profile encore l'influence du pouvoir politique de gauche. À cette époque les liens entre Christine Gouze-Rénal et ma grand-mère se resserrent davantage. À « Christine », épaule invariablement secourable, elle confie sans crainte son découragement, ses espoirs. Leur relation privilégiée fait que la Maison Grès prête à la productrice des robes drapées pour un film réalisé par son époux Roger Hanin, *La Rumba* (1987). N'ayant plus de secrets pour elle, ma grand-mère en vient même à évoquer ses questions de santé : « Christine » lui obtient un rendez-vous avec le médecin personnel du président Mitterrand, le docteur Gubler. Arrivée à l'heure dite, le couturier patienterait inexplicablement deux heures dans sa salle d'attente pour être enfin reçue, fraîchement et sans la moindre excuse… Ma grand-mère en reviendrait passablement outrée.

Ayant eu vent des tractations engagées par Tapie – on ne l'informe plus officiellement de rien – et ayant pris des informations sur la personnalité du P.-D.G. de Jacques Esterel, Madame Grès ne tarde pas à l'approcher directement. La créatrice se sent comme prise au piège d'une situation sans issue, l'isolement qu'elle vit désormais dans sa propre Maison étant au-dessus de ses forces. C'est peu dire qu'elle regrette amèrement de s'être fiée à la cour que lui a faite Tapie, grand charmeur, et aux mirages d'une collaboration censée ressusciter sa Maison. Ayant tombé le masque, le personnage maintenant lui fait peur. Plus que la contrarier, sa vulgarité l'effraie : elle se refuse à montrer sa prochaine collection entre des murs où elle ne se sent plus chez elle – qui furent les siens pendant plus de quarante ans. Ma grand-mère, assurée de trouver en Bartherotte un homme de meilleure compagnie, lui demande d'accueillir son prochain défilé : l'hôtel particulier de Jacques Esterel se situe rue du Faubourg-Saint-Honoré, la rue de ses débuts. Son état d'homme d'affaires ne l'empêche pas d'être humain – il est bel homme, ce qui ne gâte rien. Affaire vite conclue entre Tapie et Esterel, qui offre au couturier un soulagement inespéré et la revigore de façon spectaculaire : à 83 ans, la voilà prête à repartir pour une aventure qui s'annonce sous les meilleurs auspices. Pour les pages mode des quotidiens parisiens, les nouvelles « épousailles » de Madame Grès sont le scoop de l'été 1986 : « Madame Grès divorce et se remarie avec Jacques Esterel. » Janie Samet, plume du *Figaro* et fidèle admiratrice de ma grand-mère, témoigne : « Madame Grès éternelle jeune femme de 83 ans (je peux vous l'affirmer) nage dans le bonheur ! » Son nouveau fiancé a 37 ans et de l'éducation. Cette embellie au parfum de revanche la ressuscite de deux années de mortification. Éternelle combattante de sa cause, le couturier va redoubler d'efforts acharnés, surhumains, pour mener à bien cet engagement : ce sont en effet des collections de Haute Couture ET de prêt-à-porter qu'elle s'apprête à présenter : « Ce prêt-à-porter, c'est moi qui le fais et vous allez voir la différence ! » Virtuose jusqu'au bout, elle crée sa première robe sans couture, son extrémité formant capuche. À son propos, Bernard Tapie s'est retiré avec ces mots : « Quand on est une star, on reste une star… »

Hélas, de nouveaux événements en cascade viennent briser ce renouveau teinté de superbe : un litige financier oppose Esterel et Tapie, une partie de bras de fer qui se conclut au tribunal et condamne l'avenir de la Maison. Il va s'avérer que les loyers du 1, rue de la Paix n'ont pas été payés depuis deux ans : que faisait Tapie ? Un administrateur judiciaire est nommé à la Maison Grès à l'été 1987 ; la cause est désespérée. Plus rien désormais ne pourra empêcher la chute de son Nom, symbole suprême d'une élégance française à l'agonie. Il y eut après coup beaucoup de bruits de couloir, de supputations... trop tard. Au sujet de Tapie, Anne Grès parla de faux en écriture, la signature de Madame Grès aurait été imitée – allégations impossibles à prouver. Elle soutint que ma grand-mère avait refusé ses conseils : des témoins confirment plutôt que le couturier ne la jugeait résolument pas capable de lui succéder à la tête de sa Maison. Pour ma part, je ne savais pas réellement ce qui se jouait, si ce n'est que la Maison était « en difficulté » (j'avais 20 ans). Madame Grès se démena, approcha de nouveau le pouvoir et ses ministères pour tenter un ultime sauvetage. Le ministre des Finances Pierre Bérégovoy, sollicité selon un témoignage, ne s'intéressa guère à sa supplique – la Haute Couture et son image de luxe effréné n'avaient pas sa faveur. Il y avait en ma grand-mère un fatal mélange d'irréalisme et de folle dévotion à son art qui ne cadrait plus avec le temps présent. Elle n'avait pu rencontrer le mécène ou l'alter ego à même de sauver ce qui lui restait à vivre. Car rien, aucune adversité, ne parvenait tout à fait à l'empêcher de créer avec acharnement, petite victoire de chaque jour sur la mort. Personne dans son entourage, parmi ses employés, ses clientes, moi encore moins, ne pouvait imaginer de quelle manière allait finir la Maison Grès.

Le 8 mai 1987, ce fut l'hallali. Qui ordonna que la Maison Grès soit entièrement vidée comme un simple carton que l'on renverse, en une seule journée ? Qui, sans une once de pitié pour son histoire, pour le grand âge de sa fondatrice, signa son arrêt de mort, mettant fin à une part d'histoire de la rue de la Paix ? Une benne fut amenée dans la cour, une équipe de bras – déménageurs, débardeurs – fit irruption dans les étages, armée de haches, de sangles, et, impitoyablement, déversa par les fenêtres tout ce qu'il était possible de déverser… l'âme de la Maison. Dans une envolée sinistre, éclairée par la douce lumière du printemps, voletaient feuillets, croquis, contrats, tourbillonnaient rames d'échantillons, improbables kaléidoscopes s'abattant sur le pavé. Mannequins démembrés, dégueulant de crin le ventre ouvert, s'amoncelaient comme des cadavres. Précieux trésors de la manutention, les rouleaux de mousseline, de taffetas, précipités par-dessus bord se déroulaient en fleurs tragiques, auréolées d'une pluie de boutons en confettis. Les hommes à l'œuvre étaient certes payés pour la tâche, mais n'y avait-il pas chez ceux qui l'avaient ordonnée quelque plaisir à ce saccage ? Étaient-ils sur place ce jour-là à contempler l'inexplicable gâchis, ou dans leur bureau attendant que choses se passent ? Pour les pauvres fauteuils du grand salon qui avaient accueilli tant de clientes venait l'heure d'être passés au fil de la hache, leurs blancs coussins crevés, ressorts affreusement distordus s'emmêlant dans l'air pour un dernier grincement. Il semble que personne n'ait été averti, afin peut-être que rien ne puisse s'organiser pour sauver la mémoire de la Maison Grès. Ébahies, les ouvrières se saisirent de ce qu'elles pouvaient : les cahiers de croquis patiemment annotés, gonflés d'échantillons semés en timbres-poste, les débuts de corsages hérissés d'épingles, ébauches de modèles mort-nés ; leurs machines à coudre, compagnes de chaque jour, étaient déjà précipitées vers la cour en cliquetis funèbres. Ne venant pas chaque jour aux ateliers avec une valise, que pouvaient-elles sauver sinon le minimum ? Crève-cœur que de faire un choix dans la panique ; retenir tel fragment de leurs souvenirs d'atelier c'était en abandonner un autre. À quoi comparer ce qui déferla ce jour-là sur la Maison Grès ? Brasier déchaîné, raz de marée, écroulement, un cataclysme qui emportait tout sur son passage. Et le genre de phénomène qui attire certaines espèces de type charognard. Car dans le quartier la nouvelle de cette mise à sac se répandit comme la poudre. Le personnel en pleine déroute vit surgir comme des étourneaux affamés des quidams n'ayant jamais franchi le porche du 1, rue de la Paix, qui se précipitaient vers la benne pour attraper les reliefs de la Maison Grès. Sans gêne aucune, le voisinage venait se servir sous les yeux des ouvrières sidérées. La rumeur avait atteint jusqu'à l'École des Arts décoratifs, près des Tuileries : des étudiants accoururent pour piocher dans le tas, se sauvant leurs trouvailles sous le bras... C'était la curée.

De ce triste festin les robes étaient évidemment le plat principal. Certaines par chance se trouvaient déjà en possession de la Maison Jacques Esterel, à l'abri hors de Paris, la fille du couturier en sauva aussi de son côté. Pour les autres, recluses sagement dans leur poussière des réserves historiques au dernier étage, jamais dérangées jusqu'ici, ce fut l'occasion d'un dernier ballet : précipitées elles aussi dans la fosse fourre-tout à l'instar de vulgaires classeurs, leur beauté immémoriale fanée dans l'instant... Sacrilège. L'on aurait pu croire qu'elles méritaient une sépulture plus digne. Même pendant la guerre les vieux murs avaient été épargnés d'un semblable chaos : projetés en l'air, les blanches envolées de mousseline imitaient de jeunes mariées suicidées, les brochés aux chatoiements dorés de noir se réduisaient à des torches funèbres, cette humiliation suprême atteignant jusqu'aux drapés. Au motif bien terrestre de dettes, que de décennies d'éblouissement amoncelées comme un fatras impur. Ces modèles qui avaient conquis le monde entier, honoré la beauté des femmes sans démériter, étaient réduits à l'état de gerbes aux plis entortillonnés, leurs savantes coutures, filles de tant de mains industrieuses, n'émouvant plus personne. Et dire qu'à ce moment même, leurs jumelles se trouvaient déjà conservées au Fashion Institute de Tokyo...

Dans l'affolement général, certains témoins gardaient les yeux bien ouverts, pour un jour relater qu'Anne Grès se mêlait à la curée : on l'avait vue aux fenêtres, jetant des meubles avec frénésie. Je n'assistai pas à cette journée d'apothéose dramatique, ses réalités m'apparaîtraient au fil de ces témoignages contrastés. Ma grand-mère, la principale intéressée, serait pourtant la dernière avertie : était-ce une initiative judicieuse de la part de sa fille ? Pouvait-elle croire que le couturier ne se rendrait compte de rien ? Incohérence. Au prétexte de la préserver, c'était la maintenir en position d'impuissance : car lorsqu'elle arriva sur les lieux il était bien trop tard. J'ai toujours pensé que, prévenue dès les débuts du saccage, ma grand-mère, en habituée des garde-meubles, aurait empoigné son téléphone pour mander un camion ; car le contenu de la Maison Grès n'était pas saisi, mais voué à la destruction. Sa fille avait ordonné à son chauffeur de ne pas l'amener rue de la Paix : c'était mal connaître le couturier de croire qu'un autre qu'elle-même commandait à son fidèle Julio. Elle survint donc au beau milieu de la mise à mort de sa Maison, dont les ruines s'amoncelaient à ses pieds ; il fallut lui apporter un siège car soudain ses jambes ne la portaient plus. Elle restait là, vaincue, essorée de larmes, ne pouvant croire que l'œuvre de sa vie, à laquelle elle s'était donnée entière, agonisait comme l'enfant qu'elle n'avait pu sauver. Entourée de ses ouvrières, elle était pourtant seule à vivre, dans sa chair presque, cet instant de traumatisme, enfermée dans une dévastation intime si définitive que nul autre qu'elle ne pouvait la ressentir ; dans son âme s'ouvrait une béance que plus rien ne viendrait réparer et d'où s'échappait sa raison de vivre, réduite à néant d'un coup. L'aurait-on photographiée assise seule en manteau noir, comme en deuil, au centre de la cour emplie d'un tas informe, de décombres, qu'on l'aurait crue seule survivante d'un bombardement, veillant ses défunts ensevelis.

Les deux années suivantes passeraient sur elle à la manière d'un brouillard stagnant, où ce qui lui restait d'énergie la convainquait de surnager encore. Comment appeler autrement qu'énergie du désespoir ses derniers éblouissements, lui soufflant de saisir encore le tissu qui lui reste, lui faire vivre d'ultimes robes dans des conditions indignes d'elle, plus tristes encore que celles des années de guerre. Il ne reste à Madame Grès que son Nom, immense, respecté, mais réduit à une coquille quasi stérile, sans avenir. Ce Nom qu'elle a déjà perdu une fois du temps d'Alix et qu'elle a recréé sous celui de Madame Grès, ma grand-mère allait le vendre, et le perdre définitivement. De toute évidence, il n'y aurait plus personne en France pour s'intéresser ou se risquer à le sauver. Mais n'était-ce pas compréhensible, inéluctable hélas, au vu de son grand âge et de la déréliction dans laquelle était tombée la Maison Grès ? Le seul acquéreur qui se présente vient du Japon, une nation l'ayant comblée d'honneurs qu'elle évoquait avec fierté, assimilés à ceux de « trésor national vivant » consacrant l'exception de traditions artisanales à préserver ; une culture où le grand âge et son savoir sont révérés. C'est un conglomérat du textile japonais, le groupe Yagi, qui rachète la Maison Grès au grand dam d'Anne Grès : la fille du couturier considère que ce faisant, sa mère obère définitivement le futur, voire fait preuve d'irresponsabilité. Pour ma part, je ne doute pas que ma grand-mère s'est résolue à signer elle-même l'ultime décision qu'elle jugeait opportune, à décider du crépuscule de son Nom autant qu'elle avait présidé à sa naissance, en laissant filer derrière elle ses derniers éclats. Avec une logique candide, Madame Grès souhaitait certainement pouvoir enfermer ses dernières années de vie dans une paisible retraite de création, d'ultimes séances face à elle-même.

Étrangement, le souvenir net de cette période se dérobe lorsque je tente de le convoquer, irréel, si inconcevable. Un semblant de Maison survivait au 1, rue de la Paix, malgré sa mise à sac : en 1988, dans la perspective d'un événement d'envergure se tenant à l'Opéra, les premiers « Oscars de la

Mode », ma grand-mère me proposa de porter l'un de ses robes – je ne pouvais me douter que cela ne se renouvellerait plus. Étaient donc encore présentes quelques fidèles ouvrières, qui ajustèrent patiemment une robe drapée rouge feu et sa cape à mes mesures. Sur la scène du Palais Garnier, lorsque je vis s'avancer le couturier au bras de ses mannequins, soutenue presque, je voulais détourner les yeux. Incommodée par l'intensité des projecteurs, marchant à petits pas, elle était l'ombre d'elle-même. Sa pauvre silhouette me faisait peine, qui semblait renoncer à porter le poids du présent. J'aurais souhaité la soustraire à cet étalage festif, bruyant, étranger à son univers, et l'emmener dans un lieu de sérénité solitaire, à l'écart. Épuisée, elle fut hospitalisée quelque temps plus tard ; je retrouvai à son chevet Mme Gouze-Rénal, fidèle, aimante. Qu'allait devenir ma grand-mère ? J'étais désemparée, Christine me réconforta – de ma mère, nulle trace. Rentrée chez elle, son âme de créatrice s'obstina, lui inspirant de derniers modèles qu'elle alla offrir à Hubert de Givenchy, toquant à sa porte en s'excusant presque – elle aimait sa délicatesse et sa personnalité en retrait. Madame Grès, qui ne disposait même plus de cartons pour ses robes, en était réduite à faire l'aumône : il lui en offrit volontiers, le cœur serré, sans se douter qu'il ne la reverrait plus. Puis, retirée dans son appartement, le monde sembla autour d'elle s'effilocher. Je la trouvais inévitablement étendue sur son lit, comme devenue étrangère à la vie qui avait été la sienne, n'évoquant plus ni sa Maison ni ses créations : le monde qui avait été le sien resterait reclus en elle. Ses mains habiles ne cherchaient plus de tissu à modeler car elle n'en possédait plus : avec leurs derniers mètres une source s'était tarie. Elle ne sortait plus guère. Son chauffeur et sa cuisinière l'entouraient, « Christine » l'appelait presque chaque jour. L'étincelle qui la faisait affronter chaque journée avec ardeur s'était éteinte. J'allais lui rendre visite plusieurs fois par semaine. Réjouie de voir son arrière-petit-fils, elle lui montrait les images de son vieux Larousse, me donnait quelques livres de sa bibliothèque. Elle s'ennuyait, les heures s'étirant sans but, et faisait venir un médecin chaque jour pour converser avec quelqu'un. Voilà ce qu'était devenue Madame Grès, s'effaçant silencieusement d'un temps qui ne voulait plus d'elle.

Bientôt, sa fille trouva quelque prétexte pour congédier son chauffeur Julio, à son service depuis trente ans – son salaire était dépense inutile. Elle inventa à son sujet des malhonnêtetés mensongères, calomniant à plaisir une fidélité jamais démentie. Elle rogna sur les dépenses autorisées à la cuisinière pour les repas de Madame Grès : les choses commençaient à fleurer le sordide. Je la surprenais rudoyant ma grand-mère au téléphone comme l'on s'exaspère d'un enfant désobéissant, brutale.

Un renversement des rôles qui me terrifiait, où se faisait jour sans honte – et sans grand témoin – la réelle personnalité de ma mère. Que faire ? Qui pouvait lui venir en aide, la protéger ? J'avertis Mme Gouze-Rénal de la situation, honteuse de devoir dévoiler une vérité qui exposait la vulnérabilité de Madame Grès, montrait les débuts d'une déchéance. Ma mère aurait explosé de fureur en apprenant que j'avais osé convoquer un tiers dans le huis-clos d'« affaires » qui ne regardaient personne – c'est ainsi qu'elle raisonnait, sa main se refermant progressivement sur le destin de ma grand-mère. Elle commença un travail d'enfermement progressif, s'arrogeant le droit de décider (enfin !) à la place de celle qui avait décidé de tout jusqu'ici. Le couturier, par téléphone interposé, continuait de garder contact avec ses amitiés de toujours ; seule la duchesse d'Orléans et « Christine » franchissaient encore sa porte pour la visiter.

Il fallait mettre fin à tout ceci, jugeait sa fille avec une sorte de rancœur incohérente, montrant un mépris implacable envers les sentiments que ma grand-mère partageait avec d'autres qu'elle, niant sa liberté d'être. Pour ce faire, un déménagement express fut organisé, loin de Paris.

Chapitre 11

Sans fleurs ni couronnes

L'entrée dans une nouvelle décennie n'annonçait plus rien à la créatrice dont chaque année d'existence s'était ponctuée d'un ordinaire extraordinaire, continuité cyclique d'une fougue de création anxieuse assortie du paroxysme des collections. Toutes, elles étaient victoires d'une campagne menée tambour battant et une vie entière à l'assaut d'un rêve d'empire informulé, l'éternité. De cette énergie vitale qui en avait fatigué plus d'un, il ne restait à ma grand-mère qu'un filet s'écoulant à bas bruit, résigné mais têtu. Sa santé de fer demeurait, obstinée elle aussi.

Il fallait à Anne Grès des bras pour empaqueter en un temps record le contenu de l'appartement de sa mère, chaussée de la Muette : elle fit assaut d'amabilités auprès de sa cousine photographe (affectionnée de ma grand-mère, mais qu'elle-même ne fréquentait plus) qui se prêta volontiers à cette tâche. Une fois les dizaines de mètres cubes emballés,

Portrait au fusain du grand couturier
dessiné par R. Meurand (1944).

Anne ne répondrait plus à ses demandes de nouvelles du couturier. La destination du chargement n'était autre que Saint-Paul-de-Vence, présenté comme un lieu de retraite paisible ; la maison de vacances de la créatrice servait plutôt le projet d'un éloignement forcé. Sa distance de la capitale, adéquate, découragerait ses connaissances à se risquer jusque-là. La lucidité me manquait encore pour saisir l'évidence constatée crûment par d'autres : prétextant qu'elle avait besoin de repos, Anne Grès faisait le vide autour de sa mère. Trop embaumé d'« éternel », le repos durable n'avait jamais été dans la nature de ma grand-mère, que je voyais plutôt adepte du « nous aurons toute la mort pour nous reposer » fredonné par le chanteur Georges Moustaki (admirateur inattendu de la créatrice, je l'avais constaté lors d'une exposition où il était venu la saluer).

Lorsqu'elle habitait Paris, j'allais la visiter d'ordinaire deux fois par semaine. « Évacuée » à 800 kilomètres de là, je ne la reverrais que deux fois, faute de pouvoir envisager de réguliers vols Paris-Nice – d'être incapable d'affronter le délétère qui minait une maison où désormais elle ne semblait plus chez elle. À Saint-Paul ma mère fit de même qu'à Paris. Elle congédia les employés de maison, couple de gardiens fidèles qui accueillaient chaque été « Madame » avec chaleur depuis vingt-cinq ans. Vivant dans un appartement juché au dernier étage, les Malotier entretenaient avec soin l'étendue de la maisonnée, ce qui était une gageure. Coutumiers de la bienveillante autorité de Madame Grès, ils furent confrontés au couperet saisissant d'un congédiement sans affect au motif de leur âge. Leur désavantage ? Avoir des yeux et des oreilles, et n'avoir souffert d'autre allégeance que celle de leur bien-aimée patronne. Ma grand-mère serait mise devant le fait accompli. Une petite Tunisienne fut engagée pour les remplacer, timide et totalement soumise à la fille du couturier. Issue d'une culture où l'on respectait le grand âge, au bout de quelques mois elle s'inquiéterait auprès de moi de la façon dont était traitée la vieille dame. Lors de ma venue à cette période, elle se promenait encore dans les rues de Saint-Paul à la rencontre de leur paysage familier et de petites conversations de voisinage. Je constaterais en revanche qu'elle ne supportait guère le genre de cohabitation que ma mère lui imposait avec son jeune amant installé à demeure, un exilé des pays de l'Est qui avait flairé son parfum d'héritière. Prenant des aises de propriétaire, il se promenait en peignoir devant le couturier. Madame Grès faisait peu à peu figure d'invitée encombrante dans sa propre maison. Anne ayant associé ce compagnon à une improbable aventure commerciale où la combine se targuait d'affaire mirifique, il la plumerait sans vergogne et prendrait la poudre d'escampette après avoir mené grand train avec elle sur la Côte. De manière crue – comique –, l'épisode reflétait la tonalité de relations masculines que Madame Grès avait redoutées pour sa fille, où l'argent faisait magie aphrodisiaque. Ce contexte composait dorénavant son ordinaire, spectatrice de conversations tristement prosaïques, d'un abaissement généralisé de perspectives où la satisfaction des plaisirs immédiats primait. Certes, elle vivait encore dans son décor habituel, la lumineuse présence d'objets d'art – ceux-ci servaient aussi de faire-valoir à Anne pour les fréquentations qu'elle introduisait dorénavant dans la maison maternelle. Elle installa une télévision dans le grand salon Renaissance. Le couturier, qui n'avait plus son mot à dire, préféra rester dans sa chambre. À 87 ans, son régime alimentaire de légumes verts ne valait plus d'être respecté non plus… Elle conservait par malheur son entêtement coutumier, qui se matérialisait maintenant par la rébellion dès que sa fille la contraignait à des changements d'habitudes intimes qui lui faisaient violence. Ces réactions laissaient celle-ci de glace, voire l'exaspéraient : elle envisageait les faits avec une froideur toute technique, persuadée et satisfaite de la supériorité de son jugement. La flagrance de son attitude, qu'elle ne percevait pas, me transperçait de l'offense dégradante faite à ma grand-mère, si digne, qui était en droit d'espérer un tendre soutien.

Pire par ailleurs, je me savais inapte à me dresser contre ma mère, quêtant encore pitoyablement son affection. Un mot critique de ma part et elle m'aurait jetée dehors, puis hélas aurait redirigé sa colère sur ma grand-mère.

Dans les temps qui suivirent son départ pour Saint-Paul, nous correspondions par carte postale – sous enveloppe afin que personne d'autre qu'elle ne les lise. Je ne lui téléphonais pas trop souvent : j'aurais eu des réflexions de ma mère ; une latence étrange s'insinua peu à peu dans nos conversations téléphoniques. Sur l'une de ses cartes un jour, une petite phrase m'intrigua : « Je ne fais pas tout ce que je veux… » Les points de suspension en disaient long, doucement fatalistes et accusatoires, pointant les extrémités auxquelles se livrait Anne sans toutefois l'accabler directement. À qui d'autre que moi sinon, aurait-elle pu le dire ? De sa part, ces mots exprimaient les prémices d'un détachement qui me poignait. Plainte ténue, la netteté de son écriture imprimait au rectangle cartonné la noirceur tombée sur elle. Leur lecture avivait mon sentiment d'impuissance. Anne étant sa fille unique, personne n'était en position de se glisser entre elles deux, d'interférer en quelque façon ni même d'oser. Le peu de famille directe qui existait, Suzanne sa sœur ainée et sa cousine Anne, toutes deux à Paris, étaient tenues dans l'ignorance de sa situation. Ma mère berçait au téléphone Suzanne de propos cajoleurs et sucrés masquant habilement ce qui se déroulait à Saint-Paul : ma grand-mère était « fatiguée »... Aux connaissances détenant son numéro de téléphone et qui dans les premiers temps appelaient Madame Grès, la même réponse serait donnée : plus que filtrer les appels, Anne les détournait. Ses plus intimes, mes parrain et marraine Billaud, furent parmi d'autres évincés de tout contact. Plus audacieux, certains se présentèrent en toute naïveté à la porte de la maison, coutumiers de l'hospitalité de leur amie couturier : ainsi les agriculteurs du Val-d'Oise furent éconduits froidement par ma mère, la porte entrebâillée. Sans motif aucun et sans rien y comprendre, ils étaient soudain indésirables. Leur témoignage des années plus tard, peinés et choqués, se doublait de sordide : connaissant l'endroit, ils avaient fait le tour de la maison et depuis l'autre rue aperçu ma grand-mère au balcon, qui leur faisait des signes. Une scène que j'aurais souhaité ne pouvoir imaginer. Lors de mon ultime visite, elle avait terriblement changé ; son apparence, plus négligée, témoignait que ses vêtements ne recevaient plus le soin adapté à leur qualité. Ils étaient défraîchis, pelucheux : cela aussi, elle était assignée à le supporter – image fugace d'une souveraine que l'on aurait privée de ses attributs, effarée et déchue. Vulnérable. Plus effrayant pour quiconque la connaissait bien, toute sa personne exprimait un écoulement progressif en dedans d'elle-même, la dissolution muette d'un être qui se laisse sombrer en guise de supplication. Ma grand-mère, si vive, avait l'œil éteint, la conversation précaire. Le silence descendait sur elle. Sortant de sa chambre, je n'aspirais qu'à fuir l'air délétère venu infiltrer ces murs où le soleil accompagnait d'ordinaire nos étés, où maintenant ma mère s'inventait maîtresse de maison, nouvelle régente en titre : mascarade de gaieté, la musique forte des années 1990 supplantait désormais la poésie des lieux... Il fallait être « jeune », à marche forcée si nécessaire. J'avais 25 ans mais je n'avais pas goût à la jeunesse.

Il semblait que le temps était venu pour Anne Grès de dominer sa mère. L'amour reçu – donné avec tant de ferveur maternelle – avait laissé d'étranges traces contre-nature, d'où suintait sans retenue ce qu'il faut appeler ingratitude ; envers l'être auquel elle devait tout, en particulier une aisance matérielle que ma grand-mère n'avait jamais limitée. Non contente de bouleverser son quotidien fait de menues délicatesses inhérentes à sa nature, de la priver de relations humaines, son insistance à des manœuvres de quasi-« rééducation » visant à la soumettre à sa convenance offrait la semblance d'une punition. Quelles pulsions l'animaient ? Je ne pouvais m'empêcher de songer que ses animaux recueillaient plus d'indulgence. Quelle nécessité, aussi, justifiait de faire disparaître le couturier aux yeux du monde ? Recevoir dans sa retraite l'hommage de confrères, continuant ainsi de la relier à l'univers qui avait été le sien, aurait été doux à sa vieillesse. Quelle perverse intention poussait aussi à la séparer arbitrairement de ses proches ? Ma grand-mère, sans doute, crut qu'ils l'avaient abandonnée. Vint le moment où Anne Grès elle-même se trouva prise au piège de la forteresse où elle tenait sa mère recluse ; son compagnon lui ayant faussé compagnie, un insoluble tête-à-tête s'amorça. Je croyais benoîtement qu'elle se résoudrait à engager une dame habituée au grand âge, mi garde-malade, mi dame de compagnie ; le couturier ne souffrait d'aucun problème de santé. Lorsqu'elle résidait encore à Paris, des bruits avaient déjà couru quant à l'étrangeté de son isolement : avertie, une cliente dévouée et très fortunée, Mme Schlumberger, s'était proposée de l'accueillir dans sa résidence d'agrément, lieu enchanteur, afin qu'elle puisse y profiter d'une retraite agréable et digne de son rang. Désintéressée, elle était par ailleurs mécène généreuse de musées et d'œuvres caritatives. Elle témoignerait qu'Anne Grès avait refusé aussitôt : j'ignorais cette information révélée des années plus tard par la presse. Pour qui la connaissait, ce refus pointait autant son égocentrisme que son effroi de voir révélés les dessous de ses rapports avec sa mère, peu reluisants. Il aurait été illusoire d'espérer dissimuler longtemps le rôle qu'y jouait « l'argent » – du moins ce qu'il en restait. Séjournant chez Mme Schlumberger et sans doute quelque peu ragaillardie, la créatrice se serait trouvée hors de l'ascendant d'Anne, qui n'aurait pu la manœuvrer à sa guise : lui aurait échappé ce qu'elle voyait comme son dû. Prenant le masque du dévouement, elle avait soudain voulu pour elle seule l'objet maternel dont la toute-puissance l'avait tant encombrée, fustigeant d'un anathème sans grand fondement ceux qui (s'oubliant elle-même) avaient selon ses dires « profité » du couturier – une masse « coupable » vague.

Huis-clos à Saint-Paul-de-Vence… Ma grand-mère put-elle se sentir cruellement indésirable ? S'en extrayant peut-être, son esprit continuait de se laisser doucement couler, erratique. Pourtant il n'y avait de sa part ni accès de fureur ni conduite démente, j'en témoigne. Anne Grès n'engagea personne pour assister sa mère, clamant qu'elle n'en avait pas les moyens – qui pouvait croire une fable pareille ? C'était pour sa propre tranquillité surtout ; il n'aurait pas fallu qu'un regard extérieur pénètre dans la maison ni n'en mesure l'atmosphère. Les millions avaient virevolté entre ses mains pendant plusieurs décennies. Des appartements parisiens aux parts des Parfums Grès, aux œuvres d'art offertes par le couturier, des maisons à L'Isle-Adam, à Cannes, à Saint-Paul (dont une qu'elle n'avait jamais habitée) au restaurant sur les pistes de ski, au compte bancaire en Suisse, et tout ce que j'ignorais, ne restait-il vraiment rien ? Ma grand-mère lui avait fait donation du manoir de Pleubian, espérant qu'il resterait dans la famille : revendu sans tarder pour en tirer espèces sonnantes et trébuchantes – encore évaporées. Entre vie dispendieuse et associés mâles malintentionnés, si Anne avait jamais songé à thésauriser en vue de l'avenir, elle n'escomptait pas tout à fait en faire bénéficier sa mère. Plusieurs contrôles fiscaux à son endroit pendant les années 1990 indiquaient qu'il y avait quand même anguille sous roche. À plusieurs reprises, elle m'avait mis d'autorité dans les mains un stylo pour signer des documents auxquels je n'entendais rien… Ils concernaient une société civile immobilière – stratagème prisé pour échapper au fisc, apprendrais-je depuis.

Il va sans dire que pour venir en aide au couturier, Anne Grès n'aurait pas manqué de trouver soutien auprès de ses ferventes clientes et d'anciens confrères, ou plus simplement auprès de ses amis intimes. Personne n'aurait été indifférent à sa situation fâcheuse… si sa fille les avait approchés. Car ses fréquentations n'oubliaient pas Madame Grès. Plus, elles commençaient à s'inquiéter du sort de la créatrice admirée et de la fin de non-recevoir opposée à leurs demandes de nouvelles, éludées par la sempiternelle réponse : « Maman est très fatiguée… » Sans demander conseil à quiconque et a fortiori sans avertir l'entourage de ma grand-mère, ma mère choisit de la placer dans un établissement qu'elle me présenta comme une « maison de retraite », décidant pour elle un environnement anonyme, la dureté d'un isolement plus accentué : le nivellement de son individualité dans une collectivité imposée et, surtout, un authentique enfermement… J'étais atterrée par cette perspective. Anne ne pouvait ignorer que ma grand-mère ne le supporterait pas. Là encore, si nécessité impérieuse, les nombreuses relations du couturier auraient pu lui faciliter l'accès à un établissement de qualité, voire l'aider à y subvenir. Les mois passant, l'attitude fuyante d'Anne intriguait. Et bientôt, les connaissances du couturier en viendraient à se poser une même question : que se tramait-il réellement autour du couturier ? Quant à ceux qui connaissaient de près Madame Grès et sa fille, leurs interrogations atteignaient un point concentrique : ne restait-il vraiment rien de la fortune familiale, ou bien Anne puisait-elle dedans au détriment du couturier ? Par la suite personne ne douterait de la réponse. Le peu de soin qu'Anne Grès déploya, contrairement à ses dires, pour assurer à sa mère une fin de vie digne portait à réfléchir – d'autant qu'elle-même ne se morfondait guère.

Aussitôt que fut déserte la chambre lumineuse de ma grand-mère donnant sur les remparts, je vis ma mère donner libre cours à une frénésie de distractions que je trouvais obscène. Elle s'acoquina à un jeune coiffeur de Nice qui jouait les voyants-médiums tout en la couvrant de démonstrations d'amitié aussi cauteleuses qu'outrées. Maîtresse des lieux, Anne Grès l'était désormais : elle l'y installa, ravie d'avoir sa cour, encourageant même l'aimable parasite à emménager avec son compagnon. Journées à demi-oisives où le figaro niçois maquillait et coiffait la fille du couturier jouant les mannequins et posant altière en haut des escaliers et en robe Grès, photographiée par son nouvel admirateur. Terrifiant et fellinien : ma mère avait 50 ans bien tassés. Madame Grès était loin de chez elle désormais et tout concourait à effacer son empreinte de la maison. Rengaine inévitable, les deux nouveaux amis devinrent associés ; un cap fut franchi lorsqu'Anne fut entichée au point de présenter son habile confident comme son frère, à l'inviter à utiliser son nom : il signait « Pascal Grès » – véridique. Fallait-il donc salir ce que représentait ce nom ? À mes yeux, le plus ignoble fut qu'elle installe le couple de messieurs dans la chambre de ma grand-mère, sanctuaire de son intimité… Ils prenaient leur bain dans sa baignoire, évoluaient au beau milieu de ses affaires. Je ne revins qu'une fois à Saint-Paul-de-Vence.

Par ailleurs ma mère jouait les antiquaires : il lui fallait des subsides. Les meubles du couturier, trésors accumulés au long d'une vie et fruits de son travail, ses œuvres d'art firent le fonds de commerce d'Anne Grès. Afin que rien ne s'ébruite de ce trafic, elle s'en fut vendre sa marchandise lors de salons d'antiquaires du Var, département voisin. Peine perdue, quelqu'un la reconnut : lié à l'avocat – et intime de ma grand-mère – Philippe Billaud, il l'en informa. Interloqué, Me Billaud appela Anne, qu'il connaissait depuis l'adolescence : la conversation tourna aux injures, me racontait-il récemment. Pendant ce temps, ignorant tout de ce que manigançait sa fille, Madame Grès séjournait dans un établissement à hauts murs pourvus de fenêtres à barreaux, dans un arrière-pays judicieusement écarté : description sinistre que m'en ferait vingt ans plus tard la duchesse d'Orléans, rare proche que ma mère autorisa à une visite… « On aurait dit une prison. » Lors de mon ultime passage à Saint-Paul, ma mère m'avait invitée à l'accompagner jusque-là pour sa visite hebdomadaire. Hormis sa description évasive, j'ignorais alors à quoi ressemblaient les lieux, mais l'effroi de découvrir ma grand-mère diminuée, ce que j'imaginais de son désarroi dans un environnement qui lui était totalement étranger, de son sentiment d'abandon, me pétrifiait de couardise. Confusément sans doute voulais-je éviter que ma mère ne se repaisse du moment pathétique où je me serais effondrée. Ne pas y être allée, était-ce égoïsme, lâcheté ? Ces sentiments m'accompagneraient des décennies. Ayant éprouvé l'endroit, la duchesse d'Orléans m'affirma que j'avais bien fait de m'être abstenue.

Coup de téléphone surréaliste quelque temps plus tard : le couturier avait disparu. Oui, elle s'était enfuie – elle serait retrouvée dans la campagne non loin, le lendemain. Si la péripétie témoignait de ce qu'elle supportait, par-devers moi j'applaudissais cet acte de révolte désespéré : la vraie nature de ma grand-mère recélait encore quelque ressort. J'aurais presque souhaité qu'elle s'échappe vers une nuit éternelle, endormie quelque part à jamais, libre de nouveau. Affolée par le risque de scandale, ma mère la transféra dans un établissement plus « humain », pourvu d'un jardin. Elle me dirait que ma grand-mère était heureuse dans sa nouvelle maison de retraite et je voudrais y croire. Je découvrirais des années plus tard un vieux *Paris Match* montrant des photos de l'établissement – un article publié à l'annonce de son décès : Madame Grès vivait en chambre double… avec vue sur le jardin. La réduction de son confort était allée jusque-là. Interviewés par le journal, le témoignage cru des deux anciens chorégraphes des défilés Grès au Japon, Norbert Schmitt et Bernard Trux, ne s'encombrait pas de langue de bois quant au charme du lieu : « C'était une banale résidence pour personnes âgées. Il y avait un jardinet et une petite terrasse [...], des sièges sans accoudoirs, des tables en Formica. Ce n'était pas une maison pour Madame Grès... » Ils seraient ses derniers visiteurs : « Elle a été coupée de tout », assénèrent-ils à *Paris Match*.

Partant pour l'université un matin de décembre 1993, j'attrapais à la volée mon courrier dans la boîte aux lettres pour le lire plus tard dans le RER. Je reconnus l'écriture de ma mère sur une enveloppe. Assise au milieu d'autres voyageurs, je la décachetai : ma grand-mère était décédée depuis dix jours ; son corps avait été incinéré. Voici de quelle manière j'appris sa mort, ou plutôt sa disparition. Et, effrayante injonction de ma mère, personne ne devait savoir... au motif que « tout le monde » chercherait à « profiter » de son décès ! Mais qui, comment ? Naïveté ou déni, je m'épargnai à l'époque toute interrogation sur ses réelles motivations. Je dus me conformer à ce pacte infâmant, obéissant au pouvoir de soumission infantile qu'elle possédait sur moi et dont j'échouais encore à me dégager. Elle m'obligeait au mensonge, à la dissimulation – sa manière de faire. Qu'aurait pensé ma grand-mère de cette farce glauque, d'une telle décomposition morale ?

Qu'allais-je répondre à ma grand-tante Suzanne que je voyais régulièrement, quand elle s'enquerrait de sa sœur, et à d'autres encore ? Aucun argument n'atteignait ma mère, comme confortée par l'irréparable fait déjà accompli : il n'y avait eu – il n'y aurait – ni hommage ni sépulture… puisqu'elle s'était arrogé le droit de conserver l'urne funéraire. Machiavélique, Anne Grès avait soudoyé l'employé d'état civil de la mairie où elle avait déclaré le décès pour qu'il ne divulgue pas l'information. Une anecdote plaisante à ses yeux, qu'elle m'apprit sur un ton de fierté. Sur l'instant je ne réfléchis pas, l'esprit vidé. Mais le temps passant, je ressassai la pensée de tous ceux qui avaient profondément aimé et admiré ma grand-mère, qui jamais ne pourraient lui rendre d'hommage légitime ni se recueillir en sa mémoire, en aucun lieu. Et l'absence de célébration, de cérémonie mortuaire… Ce rite ancestral, criais-je intérieurement, pourquoi n'y avait-elle pas droit ? Pourquoi fallait-il qu'elle meure dans l'ombre, comme engloutie ? Sacrilège. Sa fille tant aimée avait mis en œuvre cette indignité, escamotant jusqu'à son cadavre et, ainsi, m'interdisant de revoir une fois au moins son visage.

Déflagration publique, le dévoilement retentissant de son décès un an plus tard m'offrit une délivrance. « La mort confisquée de Madame Grès », titrait la une du *Monde* le 14 décembre 1994, m'évoquant une intrigue policière à la Simenon. Je voyais sa formulation – celle de tous les en-têtes des journaux – comme rougeoyer d'une accusation en lettres de feu. Repris par l'unanimité de la presse écrite, nationale et internationale, le phénomène prenait la forme d'une indignité publique… enfin ! Anne Grès se retrouvait mise en cause devant l'opinion collective, montrée du doigt pour avoir enfreint un tabou universellement respecté : toute société honore ses morts. *Libération* – « Madame Grès, la mort au secret » –, *Paris Match* ou *Figaro Madame* – « Chronique d'une mort camouflée » –, pour les plus célèbres en France, recueillaient des témoignages où les langues se déliaient avec gêne et effroi, une certaine circonspection aussi. Dans le monde encore feutré de l'élégance, le scandale était malséant. Le président de la Chambre syndicale de la Couture était « effaré » de la nouvelle : malgré quelques frictions professionnelles, Jacques Mouclier respectait énormément ma grand-mère. Toutes les réactions étaient à l'avenant, choquées et atterrées. Aux États-Unis, jusqu'au *Baltimore Sun* s'émouvait de l'affaire. Surnageait une nette impression de malaise quant au rôle joué par Anne Grès dans son interprétation du « secret d'amour » (terme de son cru) qu'elle jugeait crédible aux yeux du monde. Car il s'avérait que depuis an, non contente de dissimuler la mort du couturier, elle se faisait passer pour elle : des journalistes de

Women's Wear Daily qui avaient cru interviewer Madame Grès recevaient en réalité les réponses de sa fille… Il en allait de même pour les organisateurs d'une rétrospective en son honneur à New York, avec lesquels communiquait par fax interposé Anne Grès, jouant le rôle de sa mère sans sourciller.

Il avait fallu le flair affûté d'une chroniqueuse du *Monde*, Laurence Benaïm, pour qu'éclate le scandale. Elle souhaitait écrire sur la créatrice et, pour ce faire, réunir de la documentation auprès de sa fille, l'interviewer plusieurs jours d'affilée. Anne Grès l'accueillit chez elle, ravie de se donner quelque importance ; la journaliste eut l'habileté de susciter sa sympathie : baissant sa garde, la fille du couturier lui dévoila le pot aux roses en l'adjurant de n'en rien dire… Savoureuse histoire. Comment pouvait-elle oublier que se trouvait face à elle une journaliste, donc qui faisait métier de divulguer des informations ? Et qui n'avait nulle raison de s'en priver. Laurence Benaïm repartit pour Paris avec un scoop dans sa valise, lequel fit l'effet d'une bombe et montra que Madame Grès, contrairement à ce que prétendait sa fille, n'était pas oubliée de la profession.

La une du *Monde* est aussitôt disséquée par ses autres confrères – les commentateurs se délectent du verbe fleuri d'Anne Grès : « Les gens de la profession, je les emmerde », a-t-elle proféré à

Laurence Benaïm, se démarquant quelque peu de la correction langagière de Madame Grès. Pas dupe, le quotidien *Libération* glisse : « Elle parle de sa mère comme d'une vieille femme sénile », balayant le poétique « secret d'amour ». La fille du couturier ne donnerait pas suite aux demandes d'interview des journalistes – elle en a déjà trop dit. Retranscrite par *Le Monde* noir sur blanc, sa parole révélait tout un sous-texte, d'étranges non-dits, des invraisemblances comiques qu'aucun lecteur lambda ne pouvait gober, moi la première. Exempt d'hommage filial, de tribut à l'œuvre de la créatrice mais largement centré sur sa propre personne, son discours se teintait fort de trivialité : la fille de Madame Grès aurait tant manqué d'argent qu'elle avait dû se contenter de pâtes des mois durant. Elle aurait dissimulé le décès afin que ceux qui avaient profité du couturier ne brillent pas à ses dépens… Et pour que sa sœur aînée ne l'apprenne pas ! Ultime énormité. En effet, ma grand-tante découvrit le décès de sa sœur en regardant le journal télévisé… Elle m'appela aussitôt, effarée, en quête d'explications qu'évidemment j'eus le plus grand mal à fournir : aucune justification ne tenait face à la folie d'une telle duplicité. Aux yeux du monde, je me trouvais moi-même complice ; personne n'aurait compris autre chose. La honte rejaillissait, je m'y attendais et la porterais longtemps comme châtiment de ma faiblesse.

Puis Anne Grès fut invitée au journal télévisé de 20 heures, celui recueillant la plus forte audience ; à croire que la France entière attendait d'apprécier de visu ses motivations. Après avoir évincé les questions de la presse écrite depuis la fatale parution du *Monde*, elle n'avait pu résister à l'attrait de quelques minutes de gloire... J'étais aussi perplexe que gênée à la perspective de la scène à venir et de son effet. Dès que je la vis assise derrière la table du plateau télévisé, je sus qu'il y aurait ratage. Elle se montrait au téléspectateur sans effort dans sa mise : espérait-elle faire pitié ? De la fille du grand couturier venue plaider sa cause, on aurait attendu plus d'allure. Bravache au téléphone ou en interview privée avec Laurence Benaïm, son personnage faisait plus pâle figure interrogé en direct. Réitérant d'une voix agacée des propos déjà livrés au *Monde*, cédant du bout des lèvres des réponses poussives, elle exsudait, pour qui la connaissait, le non-dit. Et l'on cherchait vainement un accent d'humanité ; elle n'émouvait pas. Peut-être percevait-elle soudain l'impossibilité de séduire son auditoire. Malgré cela elle se montrait sûre de son bon droit, aucun semblant de remise en question n'affleurant son propos. Au quidam elle inspirait un malaise dérangeant, à moi la nausée.

Parmi certaines « anciennes » de la Maison Grès, quelques voix se souciaient peu des précautions de langage. Une vendeuse mondaine et une ouvrière,

« historiques » de la Maison à l'œil redoutablement acéré, ne se priveraient pas d'offrir à *Paris Match* un portrait peu amène de la fille du couturier – une mise en perspective quelque peu dissonante du « secret d'amour » : « méchante et dépensière », Anne Grès aurait séquestré sa mère « pour avoir les derniers sous »... Elles partageaient avec le directeur d'un magasin voisin de la Maison Grès, au n° 2, un même souvenir : Anne Grès mettant des robes à la poubelle le jour de la mise à sac de la Maison. L'une d'elles, liée à la duchesse d'Orléans, rapporta ce que lui avait confié celle-ci peu avant que n'éclate le scandale : Anne lui affirmait que sa mère allait très bien. « Elle s'amuse follement avec mes chiens et chats » : Madame Grès était décédée depuis un an. Et pendant ce temps, dans la boîte aux lettres de sa maison de Saint-Paul, les cartons d'invitation à son nom continuaient d'arriver : une fois dépassé le constat d'une machination qu'aucun amour filial n'excusait – sinon malade –, se posait la question du pourquoi. L'on notera aussi que la fille du couturier pratiquait l'attaque comme défense : y avait-il davantage à cacher que le « secret d'amour » ? Une fois le couturier « écarté du circuit par sa fille » comme le notait fort à propos un proche, Anne Grès avait organisé dans le Var une exposition : une centaine de robes, et divers tableaux liés à la carrière de ma grand-mère, œuvres d'artistes amis comme Bérard,

Cocteau ou Léonor Fini, qu'elle revendrait sans tarder au commissaire de l'exposition. Quelques mois plus tard, le passage de deux cents pièces Grès aux enchères de Drouot intrigua jusqu'aux organisateurs de l'imminente rétrospective du Met de New York car il n'y avait jamais eu de telle mise en vente jusqu'alors. Puis ce fut le tour de la maison de Saint-Paul-de-Vence, si symbolique des étés heureux de ma grand-mère et précieuse de souvenirs, reflet paisible de son amour de l'art, d'être négociée sans états d'âme. Le pécule substantiel qu'Anne Grès en récolta servait, selon ses dires, à sa mère… Vraiment ? Tout indiquait le contraire. Les archives de la Maison Grès avaient disparu, soutenait-elle : elle les détenait encore et, au fil des années, j'apprendrais par des amateurs de ventes aux enchères qu'elle les écoulait discrètement.

Le sordide hors-norme de cette affaire de mort dissimulée avait éveillé l'intérêt bien au-delà de la France. Un biographe américain, spécialiste de récits à scandale, flaira la bonne histoire. Il parvint à retrouver l'identité de mon père, divorcé d'Anne Grès depuis vingt-cinq ans, et l'invita à déjeuner : il espérait « faire parler » l'ancien gendre de Madame Grès, obtenir le déballage croustillant d'anecdotes inédites dévoilant les dessous de l'histoire familiale. Il était prêt à payer pour ce témoignage. Mon père refusa, autant par élégance que pour ne pas replonger dans les méandres d'un mariage qui l'avait miné. Mais, de cette entrevue, il retenait ceci : le chercheur de scandale était persuadé que la clé de cette affaire était l'argent ; selon lui, si Anne Grès avait caché la mort de sa mère, c'était afin de mieux dissimuler ce qu'elle manigançait avec depuis le décès. Une dizaine d'années auparavant, ma grand-mère m'avait informée de dispositions enregistrées auprès de son notaire : elle voyageait régulièrement en avion autour du monde et n'écartait pas la possibilité qu'il lui arrive malheur. Pourtant ma mère m'affirmerait sèchement au téléphone qu'il n'y avait aucun testament… et m'annoncerait tout de go qu'elle s'était débarrassée des effets personnels du couturier auprès du Secours populaire. La vision de ses draps de lin, son linge délicat, ses pulls si doux sur lesquels j'avais posé ma joue, tout ce dérisoire qui renfermait sa présence, son odeur, profané et entassé comme de vulgaires chiffons, m'horrifia. Je lui demandai si elle pouvait mettre de côté un nécessaire de bureau que j'avais toujours connu ; leur résine transparente emprisonnant de gros scarabées diaprés avait fasciné mes yeux d'enfant : « Oui, bien sûr… » Je ne les revis jamais. À la place j'eus droit à quelques serviettes de toilette et une couverture sentant le moisi : ce fut tout l'héritage de ma grand-mère à sa mort. Par chance, dix ans plus tard, certains objets qui encombraient ma mère me furent déposés : un portrait au fusain et cinq tableaux de Serge Grès… Elle vendrait peu après aux enchères la totalité des œuvres de son père, faisant ainsi disparaître les tableaux qui peuplaient le couloir de l'appartement de mon enfance… et un pan du passé familial.

C'est d'outre-Atlantique encore qu'une journaliste d'investigation partirait sur les traces de l'histoire de Madame Grès, publiant dans *Vanity Fair* en février 1996 l'article le plus exhaustif jamais écrit à son sujet – deux ans après « l'affaire », c'est dire combien elle avait marqué les esprits au-delà de la France : Cathy Horyn avait mené de Paris à Tahiti une incroyable enquête de fond, parvenant à convoquer des témoins de premier plan (sauf moi), clientes, employés de la Maison Grès et fréquentations de ma grand-mère, des familiers de son époux aussi, qu'aucun journaliste français n'était allé débusquer – je ne découvris cet article qu'en 2020. « *A couture legend unveiled* », annonçait la couverture… Un article fouillé qui se proposait de révéler « le mystère Madame Grès », entre récit historique et analyse psychologique – parfois hasardeuse tant les témoignages offraient un kaléidoscope d'interprétations. À dire vrai, la complexité dudit « mystère » s'amplifiait encore à la lecture de l'article : propre de son génie, ma grand-mère demeurait insaisissable. Interviewée, Anne Grès s'y faisait victime du couturier. Elle s'était en toute logique abstenue d'aiguiller Mrs Horyn vers moi, et a fortiori de m'avertir de cet article : les témoignages croisés ne la présentaient pas sous un jour flatteur, balançant entre condescendance et pitié. La journaliste évoquait dès les premières lignes et sans ambages les « innombrables mensonges qu'elle avait concoctés pour la presse de mode ». J'étais frappée par les commentaires éclairés de la fameuse rédactrice de *Vogue France*, l'écrivain Edmonde Charles-Roux. Bien informée et fine observatrice, elle était un témoin hors pair de la carrière de ma grand-mère depuis le début des années 1960. Présente au mariage idyllique de mes parents, elle gardait trente ans plus tard un souvenir très net de ce jour au manoir de Pleubian, qu'elle présentait comme un jalon essentiel de la vie du couturier : « C'était une image de bonheur, et chacun pensait que tout découlerait de ce moment : ils formeraient un couple merveilleux et un jour, Anne deviendrait à son tour “Madame Grès” [*sic*] […] Madame Grès était persuadée qu'Anne lui succéderait à la tête de sa Maison mais d'erreur en faux pas, Anne irait d'un désastre à l'autre. » Constat de Cathy Horyn, que je partageais : « C'est incroyable qu'une femme ayant eu le courage de se forger une telle carrière, d'affirmer que son travail était toute sa vie […], n'ait pu transmettre de telles qualités à sa fille. »

Passage des années 2000 et décennie suivante, tout ce qui de ma grand-mère était monnayable fut monnayé inexorablement par sa fille. Dispersant les vestiges, puis les miettes de celle qui lui avait donné naissance. Fallait-il donc qu'il n'en reste trace ? De désespérants pourquoi me soufflaient à l'oreille une plainte sourde venue de nulle part, mélopée d'une déconstruction minutieuse. Inapte à rendre à sa mère l'hommage que méritaient l'exception de son œuvre et plus simplement sa personne, Anne semblait l'effacer, niant jusqu'à la tendresse du souvenir, la possibilité de se remémorer l'intime. Pire, dilapidant ainsi les beautés artistiques dont ma grand-mère s'était entourée au long d'une vie de travail, partie intégrante de l'histoire familiale, elle semblait considérer que rien n'existait après elle-même. Le dernier volet du récit de cette mort confisquée n'est pas le moins sinistre.

Afin que n'existe aucun lieu de recueillement, il fallait absence de sépulture : Anne Grès avait donc conservé l'urne funéraire par-devers elle, ultime appropriation. Dix ans avaient passé depuis la mort de ma grand-mère. Elle m'appela un jour pour me dire qu'elle voulait « [se] débarrasser de l'urne » [*sic*], formulation m'évoquant un objet destiné aux éboueurs. Elle déclara sans fard qu'elle ne supportait plus de l'avoir chez elle : « J'ai l'impression qu'ELLE est derrière la porte... » Je lui répondis que je viendrais « la » chercher et ferais le nécessaire pour la placer dans un lieu approprié, réfrénant une démonstration d'émotion susceptible de la faire changer d'avis. Plus de nouvelles : je la rappellerais en vain. Je ne sais pas où est l'urne aujourd'hui.

Edmonde Charles-Roux, lors de la révélation du décès de Madame Grès : « Je l'imagine fabriquant en secret une échelle de soie… pour s'évader comme une fée. »

Épilogue

Le passage du temps la fit revenir à moi. Sa petite silhouette émergeait intacte, sa démarche, ses postures me rejoignaient par d'étonnants échos sans même que je convoque leur souvenir. Il y eut enfin au Palais Galliera une rétrospective de son œuvre, la première en France : c'était en 2011, Madame Grès sortait d'un certain oubli. J'étais honorée que le directeur du musée, Olivier Saillard, m'invite à découvrir les ultimes préparatifs de l'exposition… Ce fut un choc. Dans ces vastes espaces uniformément blancs, les modèles détachaient leur présence avec tant d'intensité que j'en étais muette. Ils semblaient m'attendre. Plus j'avançais entre les robes, les manteaux, les ensembles, plus montait un sentiment diffus… Elle était là, tout simplement – une vague d'irrationnel qui m'envahit soudain. Pour moi, c'était ma grand-mère et sa permanence ; pour le reste du monde, la redécouverte de créations défiant l'éphémère des modes. Madame Grès, hier et toujours…

Remerciements

Je dois et j'exprime ma reconnaissance à ceux et celles qui m'ont encouragée dans ce travail d'hommage dès 2020 :

Mes cinq enfants.

Témoins intimes du destin de ma grand-mère, ils m'ont livré mille anecdotes : Mme Anne de Henning notre cousine. Famille Billaud : Me Philippe Billaud †, avocat, et M. Jean-Paul Billaud, amis du couturier. Mme Gersende d'Orléans, également fidèle. Famille Poiret.

Anciens de la Maison Grès, leurs témoignages furent aussi précieux qu'émouvants : M. Jean-Louis Auzière, directeur des Parfums Grès, Mme Betty Granella, mannequin et directrice des salons, Mme Andriana Marcello, vendeuse, Mme Annie Maronneau, modéliste, Mme Martine Lenoir, ouvrière, Mme Tharita De Oliveira, mannequin, Mme Axelle Doué, mannequin, M. Laurent Villeleger, descendant de « Margot ».

Pour la naissance de ce livre, ma gratitude va à mon éditrice, Maxime Catroux, mais aussi à Emanuele Coccia.

Conservateurs et admirateurs de l'œuvre de Madame Grès, ils m'ont soutenue fidèlement : M. Olivier Saillard, M. Alexandre Samson.

Je souhaite honorer la mémoire des proches collaborateurs ou intimes de Madame Grès, que j'ai côtoyés toute mon enfance et qui détenaient une part de son histoire : Charles et Jeanne Billaud, Christiane « Loulette » de Henning, Mme Suzanne Krebs, Mme Jasleen Dhamija, M. Justino Martins. Maison Grès : Mme Christiane Férat, mannequin, et Mmes Christine, Jeanine, Lucienne, premières d'atelier, Mlle Danielle de La Verteville. Employés personnels de Madame Grès : M. Julio Reccio, Mme Tina Suero, famille Malotier, famille Ibanez, Mlle Marguerite Massé.

Table

NORD COMPO
multimédia

Composition et mise en pages
Nord Compo à Villeneuve-d'Ascq

Achevé d'imprimer en avril 2025
par Normandie Roto Impression s.a.s.
61250 Lonrai
N° d'impression : 2501478
N° d'édition : 651066-0
Dépôt légal : mai 2025

Imprimé en France